U0071596

思想觀念的帶動者
文化現象的觀察者
本土經驗的整理者
生命故事的關懷者

{ PsychoAlchemy }

啓程，踏上屬於自己的英雄之旅
外在風景的迷離，內在視野的印記
回眸之間，哲學與心理學迎面碰撞
一次自我與心靈的深層交鋒

Minding the Self •————————— Murray Stein

Jungian Meditations on Contemporary Spirituality

靈性之旅
追尋失落的靈魂

莫瑞・史丹————著

吳菲菲————譯

目次

【推薦序】 現代心靈的再神聖化之道

洪素珍／臺北教育大學心理與諮商學系副教授

我們正處於一個「活在當下」的時代，努力追求立即的慾望滿足。月薪三萬元的年輕人，漏夜排隊搶購二萬五千元的新款手機；情侶復合不成，立即拔刀相向，快意恩仇；捷運車廂裡，人人盯著手機，生怕遺漏任何一條即時的聊天訊息⋯⋯。這些過去偶爾發生的「奇聞異事」，如今屢見不鮮。克己復禮已非道德，恣心縱慾方是英雄。這種心靈扭曲現象，與所謂的「現代化」脫不了關係。

十七世紀工業革命釋放出大自然驚人的能量，讓人類物質享受水準不斷攀升，到達史上僅見的高度，且尚未知雲頂伊於何處。甚至到了六〇年代時，當大量生產的工業商品似乎已經達到物質效應的頂端時，人心一轉，硬是將商品價值擴大解釋，使之與身分、地位、成就、權力等慾望加以連結，從此心靈被物質侵凌更深，成了一個黑洞、一個空虛永恆的無底深淵。科技確實始於人性，也因為善於利用人性，而將人心掏空到涓滴不剩。人們不斷用物質填塞心靈，卻無法真正滿足。無盡的空虛感，讓現代人無從想像與思索永恆，只能停留在當下，追逐那短暫及時的小確幸，自滿於「剎那即永恆」。

甚至，配合著工業革命而產生的資本主義，為了合理化一切，以現代化理論步步進逼，不僅使科學力壓宗教，也與政治、

靈性之旅

經濟、社會、法律，甚至包括倫理道德等層面通力合作，建構出一張嚴密的羅網，緊緊地綑綁現代人的心靈，令眾人更難以逾資本主義現代化之雷池一步。迅速、確實、效率、回饋等，成為評估幸福與成功與否的終極指標。

現代人的幸福感短暫且虛浮，迥異於受盡我們嘲笑與奚落的歐洲中世紀古人。對於時間，現代人只能努力掌握片片斷斷的當下，中世紀的人們則仰望著永恆。莫論中世紀普羅大眾過著一簞食、一瓢飲的清苦日子了，就算王公貴族的生活，以現代標準而言也談不上享受。國王出入策馬，也比不上現在小上班族搭地鐵舒服吧！對於時間的認知感受不同，對苦樂的覺受也因而翻轉。中世紀人們物質生活很清苦，但卻與上帝、天國、永恆同在，在更高的時間向度上，擁有著更多的希望與神聖感。

然而，現代化進程不可避免地對宗教加以「除魅」（disenchantment），讓人從愚昧、受壓迫中解放，順勢也將「神聖性」去除。這讓我們的心靈空缺了一塊，物質主義雖趁虛而入，但顯然難以取而代之。

從歷史的發展來看，傳統宗教因為死守那些已經被除魅的內容，無法回應人們內在對神聖性的需求，因而沒落，儘管如此，人類心靈對宗教的渴求卻依然存在。現代人並不因宗教被除魅而失去對神聖性的需求，這時候，就需要一個適當的「新宗教」來取而代之。這正是榮格面對「相不相信神」的問題時，回答「我相信神，但不是大家所說的那一位神」的原因。而其中蘊涵的深意不外是：神聖性被現代化去除後所造成的空虛焦慮，需要透過再神聖化（re-sanctification）的過程來幫助修復。

什麼是「再神聖化」呢？簡單說，就是把還餘留個人心靈中

的神聖性，重新長養到除魅後公眾領域的世俗性上。當我們已經對宗教、社會、政治、經濟等公共領域的世俗化失去信心與耐心時，我們不應該只退卻到私領域空間去保有個人的神聖性，反而更應該主動、積極參與公領域，在世俗化的基礎上重建神聖性，不放任公領域持續墮落與媚俗。

然而，「新宗教」毋寧是個敏感話題，在這裡所指稱的，絕不是許多當今流行、沒有歷史傳承、拼湊教義、自創邏輯或者妄稱天啟的「新興宗教」。絕大多數新興宗教都犯了已被除魅的傳統宗教的錯誤，它們無力使用科學的「歸納」（induction）方法論，反而濫用形而上前提的「演繹」（deduction）邏輯。它們沒有說出新東西，只是改一套話術再愚弄世人罷了。現在人需要的是符合科學典範的心靈理論。

榮格心理學的重大特色之一，是強調心靈（spirit）的作用，認為其重要性甚至超過心智（mind）。生命的意義無非是在自性（self）的召喚下，朝著內在神聖努力的過程，榮格稱此為人類的宗教性。榮格在世之時就明瞭人性的脆弱——現代人棄捨傳統宗教的愚昧，卻又渴求宗教的召喚；他深知當代任何稍具「神祕感」、「智慧性」的隻字片語都會被無限延伸，甚至被拿來膜拜。也因此，他早就給那些他根本不認識、後來卻會視他為「先知」、「教主」的「信徒」們警告：他自己是「榮格」，而非「榮格學派」。言下之意，宗教是個人的經驗，無以言傳；個體化之路只能獨行，無從結伴。那些緊抱《紅書》，以為擷取當中片段參詳，就可以證悟、得道者，回想起榮格的逆耳忠言時，實應謹慎以對。

史丹博士在這本《靈性之旅：追尋失落的靈魂》中試圖以榮

格心理學，科學地論述與重建合乎現代人靈性需求的宗教性。他主張，傳統宗教沒落，然靈性猶在人心，最適合人們的新宗教就是科學的現代心理學。他關注自性的發展，以榮格心理學做為宗教再神聖化的基礎，為現代靈性追求建議了一條可行出路，卓然樹立，成一家言，實可成風雨名山之業，因以為推薦。

【中文版序】 超越文化界線的靈性追求

莫瑞・史丹

　　東方靈修在今天的西方世界裡是相當受人重視的時尚。有位上了年紀、來自亞洲的著名學者最近告訴我：他認為當美國人和歐洲人正在替東方挽救佛教之際，他的國人也正在替西方世界挽救基督教。雖有點誇大，但他確實說出了某種真相。在古老靈性傳統已建立並運作達數個世紀的國家中，這些傳統的教誨和作法因為過度為人所熟悉，變成了文化中缺乏活力的陳腔爛調，其靈啟元素也因而失去了原有的光采。太為人所熟悉、知識化，且被後人不假思索地熟記而傳承的象徵事物，必會失去其動人力量。

　　同樣的傳統故事和教誨一旦在別的文化中成為新穎事物，卻有可能具有較強大的靈啟能量，因為它們既新奇，又似乎使人精神一振（至少在最初被人發現時是如此），但靈性傳統的說服力及其在心靈烙記的能力，則會隨時間的遞移而經歷興衰起伏。例如，基督教在現代西方許多地區都已成為過氣信仰，再也無力吸引宗教想像力。一般而言，現代文化都有個傾向：在與靈性世界愈行愈遠的同時，去極度擁抱物質發展所帶來的舒適和各種可能性。人的心靈在今天別有寄託——寄託在娛樂界和消費主義上——而對陳舊老套的宗教意象不再有強烈的感受。老套的傳統在人心引起有如禁閉恐懼症的反應，因為它們在人類的感覺中代表了侷限、狹隘和隔絕。人希望自己能在傳統社會外找到更多空間，但卻因為原來位居中央的宗教情感及思想已不在其位，造成

了一個真空。許多人開始感到一種模糊但揮之不去的需要,渴望找回那不見了的、但能賦予重心和意義的靈性生命。

在回應這問題時,榮格在他寫給維克多・懷特(Victor White)神父的信中疾呼:「新酒需要新皮袋。」新皮袋指的是一種形式或容器,用來盛裝那些會從自性深處流入心靈的真實靈性事物。深度心理學(depth psychology)就提供了這樣的容器,它是用洞見和現代經驗鍛造出來的。我們需要這種容器,以捕捉和盛納人類在其靈魂深處可以觸摸到的固有靈性。

如今,在我們越來越置身其中的全球文化當中,人人都有機會——至少在某種程度上——去研究和體驗所有自最古(印度和中國)到較新(歐洲和北美洲)的宗教及靈性傳統。這些傳統的酒漿可以被倒入現代意識的新皮袋中,但這也很可能造成一種錯覺,使我們誤以為現代人在隨心選擇任何靈性傳統後就能精曉該信仰及其靈修方式。造成問題的原因是:酒可能是舊酒而皮袋是新的,因而兩者間的差異很可能導致心理抽離(psychological dissociation)狀態,卻無法提供一條邁向完整的穩定靈性途徑。靈性必須被整合到現代生活中,而非與之切割或隔離。從心理學角度來看,心理隔間化(compartmentalization)是心理問題之一。

換句話說,單靠學習和模仿異國及外來宗教傳統中的祈禱、儀式和其信仰的神話故事,現代人是無法獲致心靈完整的。榮格就常警告人不要嘗試這種模仿性的靈修方式。相反地,他建議我們要以自己先人的傳統為出發點,從那裡前行,並走入個人專有、適合自己並基於個人經驗的靈性形式中。這條路徑應會更適合我們個人及所屬文化的心靈結構,而不致讓我們最後疏離於自己先人留下的文化基礎。另一個問題是,由於文化盲點和缺乏語

言能力，其他文化的人很可能無法真正「了解」某一特別傳統最初所意圖傳達的意義。

但我們還是可以透過翻譯和文化意象，對另一個世界取得若干了解。當然，在沒有足夠文化背景和語言能力的情況下，一個人能取得多深入的了解將一直難有答案。現代意識之所以覺得靈性難以捉摸，正是因為沒有現成的靈性傳統。採用外來傳統並非不尋常；而且，如能視個人經驗而將之整合到個人心理模式中，這些外來傳統很可能會豐富靈性並增加其深度。這無疑就是我們在《榮格自傳：回憶‧夢‧省思》中讀到的故事，也是筆者親身的體驗。

不待言的是，榮格心理學本身顯然以《聖經》的宗教傳統（尤其基督教）和希臘哲學為其基礎。榮格屬於他的時代，並潛浸於他的文化傳統──也就是瑞士的改革派基督教和更早信仰基督教的歐洲中古世紀。然而他的興趣範疇不止於此，他的心理學也因此超越了狹隘的地域性起源，而能在今天為全世界提供有用的資源。這點不僅可從全世界心理分析師的實際工作看得出來，也可從深度心理學博大的學說及其探討方法獲得證明。析夢法和積極想像法、洞察個人及集體心靈的深層面向、重視文化差異的同時也重視普世共有的象徵──這一切都遠遠超越明顯的文化界線，而為各地的人們提供了寶貴的資源。人們可用這些素材為現代收成所釀出的靈性酒液創造適當的容器。

榮格本人借用了與其文化大異其趣的其他文化──其中包含中國文化與哲學──而從中受益良多。大家都知道，他對中國煉丹術長期保持深刻的興趣並受惠於衛禮賢（Richard Wilhelm）譯成德文的《易經》，而他與衛禮賢的友誼深深影響了他的思想。

許多評論家都發現他的思想頗能共鳴於中國的「陰陽」象徵符號。這符號象徵了心靈的一個特色，即心靈具有充滿互動張力的對立面向，而這觀念正是榮格心理學的核心。如今，在台灣和中國大陸都有人傳授榮格派心理分析學，並透過臨床工作實踐它。許多繼承了古代中國文化的現代人都正在尋找方法，想把傳統的思想和信仰模式融合到以深度心理學觀點構成的現代心態中。他們可用深度心理學的方法創造出一種與心靈之原型及文化根底相合的現代靈性。這樣的相合是獲致心理完整與和諧的必要條件。

在其浩繁著作中，榮格提示我們如何在特定宗教傳統和集體形式之外去追求靈性，而世界文化也已愈來愈能接受這些提示，並加以發揚光大。榮格示範了現代人追求豐富及完整靈性生命的方法；我在此書中就試圖描述為何屬於任一文化和傳統的現代人都會發現這方法可以行得通。

本書的原名是「關注自性」（Minding the Self），這至少在某一方面是很容易讓中文讀者理解的，因為如今盛行於歐洲和北美洲心理治療領域的「內觀」[1]（mindfulness）之說其實早就深植在繼承了道教、儒教和佛教哲學的華人意識中。「內觀」意指仔細觀察自己的態度和思想並據之為人處事。榮格心理學則進一步要求我們觀察心靈的無意識過程。「關注自性」之所以成為一件複雜的工作，是因為我們今天已在心理上知覺到無意識內容及其動能重大影響了我們的日常生活。如把「內觀」侷限在意識範疇內，我們是不會滿足的。每個人都必須擔起一個額外重任：盡

1　譯註：台灣坊間心理減壓中心一般將 mindfulness 譯為「正念」，但也有心理學學者將之譯為「內觀」。譯者在此採用「內觀」，以符合此處的上下文之意。

可能把心靈的無意識面向納入意識中。把無意識整合到知覺範疇的工作從個人有意識地把自己與他人區隔開開始；接下來，個人會從周遭世界撤回自己的心理投射[2]；最後，一個唯一而獨特的身分終於成形。我在已譯為中文出版的《英雄之旅：個體化原則概論》（*The Principle of Individuation*）一書中討論過此一過程。

本書《靈性之旅：追尋失落的靈魂》試圖勾勒現代靈性形式的某些面向，而現代靈性形式即取材於深度心理學的洞見和其臨床經驗，尤其是榮格用來探討心靈的方法。我不僅想納入西方的哲學和宗教，也試圖取用一小部分東方的靈性寶藏。我在書的最後一章探討源起於中國禪宗的〈十牛圖〉，藉以表達我對東方人深入探索靈性的由衷欽佩。

在知道這本書已被譯成中文時，我確實感到欣喜無比。擁有這古老文化的人們將花時間來思考我對靈性——它是豐盛完滿之生命最重要的一個面向——的一些想法，我為此覺得十分榮幸。

莫瑞・史丹　2015年9月於瑞士哥第維爾（Goldiwil）

2　譯註：榮格認為，常人（即反思能力不足的人）用無數及各種形式的心理投射建立自己所認知的世界，受縛於其中卻不自知。參見其論文〈心靈之結構與動能〉（The Structure and Dynamics of the Psyche）。

致謝

　　本書是在一段時期中分散寫成的，其中不少篇章最初以論文或篇章形式出現在不同期刊或書籍內，每章都有它自己的故事。我努力把它們結合起來，成為我現在心目中具有連貫性的一系列榮格思想靜思錄。各章某些部分曾出現之處如下：

　　第一章以〈文本與上下文〉（Of Text and Contexts）之名發表於二〇〇七年第三期《分析心理學期刊》（*Journal of Analytical Psychology*）；第二章以〈探討"神即自性之表達……"〉（"'Divinity Expresses the Self...'An Investigation"）之名發表於二〇〇八年第三期《分析心理學期刊》；第三章以〈改變中的上帝意象：其意義何在？〉（A Changing God Image: What Does It Mean?）之名發表於二〇〇一年第二百七十八號《善牧者心理學協會筆札》（*The Guild of Pastoral Psychology Pamphlet*）；第四章以〈以象徵為心靈轉化器〉（Symbol as Psychic Transformer）之名發表於二〇〇九年出版之《春天》（*Spring*）期刊第八十二卷專題紀念刊《活在象徵中：二〇〇九年》（*Symbolic Life 2009*）；第六章以〈靈啟經驗於個體化煉金術中的重要性〉（On the Importance of Numinous Experience in the Alchemy of Individuation）章名發表於二〇〇六年勞特利奇（Routledge）出版社出版、安・凱思門與大衛・泰西（Ann Casement and David Tacey）合編之《靈啟之觀念》（*The Idea of the Numinous*）一書；第八章以〈靈魂之實情〉（The Reality of the Soul）章名發表於二〇〇二年人馬獸（Chiron）出版社出版、艾維斯・克蘭德能（Avis Clendenen）主編之《深層靈性》（*Spirituality in Depth*）一書；第九章以〈現代心理分析的靈性與宗教面向〉（Spiritual and Religious Aspects of Modern Analysis）章名發表於二〇〇四年勞特利奇出版社出版、約瑟夫・坎伯瑞與琳達・卡特（Joseph Cambray and Linda Carter）合編之《分析心理學：從新近理論看榮格分析法》（*Analytical Psychology: Contemporary Perspectives in Jungian Analysis*）一書；第十一章以〈進入靈性世界的現代轉化儀式：一個心理學觀點〉（On Modern Initiation into the Spiritual – a Psychological View）章名發表於二〇〇七年勞特利奇出版社出版，湯瑪士・克許、維琴尼亞・賓・克特、湯瑪士・辛格（Thomas Kirsch, Virginia Beane Cutter and Thomas Singer）合編之《活生實存的轉化原型》（*Initiation: The Living Reality of an Archetype*）；第十二章以〈過去與現在的諾斯底式批判思維〉（The Gnostic Critique: Past and Present）章名發表於一九九五年大堂（Open Court）出版社出版、羅伯特・席格（Robert Segal）主編之《誘人的諾斯底教義》（*The Allure of Gnosticism*）一書。

　　我把以前發表的這些文章做了大幅修改，加入較近的想法和見解，並使它們在本書中連貫起來。此外，在彙集成書之際，我先前在各部分寫成時不曾清楚的新主題冒了出來；這些主題也被編進了本書文本的經緯裡。

　　我要感謝勞特利奇出版社的凱蒂・霍思（Kate Hawes）在我完成此書的緩慢過程中所給予的耐心支持，以及安德魯・薩繆爾思（Andrew Samuels）最初的鼓勵。獲許使用天章周文繪製的〈十牛圖〉，我要深深感謝京都相國寺以及東京學習院大學吉川麻里

教授的協助。我也感謝許多朋友為書中各章提出評論，尤其要感謝內人珍·史丹（Jan Stein）在閱讀全文時好幾次提出甚有助益的批評。

獲許轉印下列文獻的部分文字，我也要向有關機構致以謝忱：

● 一九七七年普林斯頓大學出版社出版之《卡爾·榮格全集》。普林斯頓大學出版社授權使用。

● 二○○九年諾頓（W. W. Norton）出版社出版，榮格著作基金會版權所有，蘇努·山達善尼（Sonu Shamdasani）主編，馬克·奇伯茲（Mark Kyburz）、約翰·畢克（John Peck）、蘇努·山達善尼合譯，卡爾·榮格原著之《紅書》。諾頓出版社授權使用。

● 阿妮拉·雅非（Aniela Jaffe）主編、理查·溫斯頓與克萊拉·溫斯頓（Richard and Clara Winston）合譯、卡爾·榮格原著之《榮格自傳：回憶·夢·省思》。譯者擁有一九六一、一九六二、一九六三年翻譯版權。一九八九年、一九九○年、一九九一年蘭燈屋（Random House）出版社更版發行。支屬於蘭燈屋的萬神殿出版社（Pantheon Books）授權使用。任何第三者不得在本書外援用其中所引資料；有意者須直接向蘭燈屋出版社申請引用許可。

● 日本京都相國寺授權使用天章周文繪製的〈十牛圖〉。

緒　論

　　有天早晨，我輕輕踏入葡萄牙布拉格市一座傳統天主教大教堂的後座區。那是二〇一二年七月裡某個陽光燦爛的星期天，但教堂內部極為幽暗，我的視覺需待好幾秒鐘才適應過來。有個穿祭披的神父正在誦讀彌撒經書，讓我覺得自己踏進了中古世紀。教堂沒有真正滿座，但也非空無一人，比我居住地瑞士的教堂這些年來在星期天早晨可見的教友要多上很多。這裡的教友顯然非常專注於正在進行的宗教儀式。維護良好的聖堂處處佈滿了耶穌生平和他在十字架上犧牲生命的圖像、雕像、以及象徵物品。高拱在祭壇上方而使人印象深刻的，是一座充滿戲劇張力、重現耶穌受難景象的三維立體作品：垂死而流露莊嚴神性的基督位於正中央，受難故事中的其他人物則以真人尺寸的塑像環繞在他四周或居於他下方，有如電影場景的安排。我看得出來，大多數教友都具有純樸的背景和出身，而零星雜在其間的則是一些衣著隨性的觀光客。參加彌撒的這群人看來男女各半；我猜他們的年齡分布在三十到八十歲之間。當神父用古老的天主教彌撒用語呼喚天主時，全場的人似乎都被祭壇傳來的字句牢牢吸引住。

　　這不是我的宗教——我心中暗想。我一生向來信仰新教[1]，所

1　譯註：宗教改革後脫離羅馬天主教的抗議教徒（Protestants）所建立的各派教會統稱新教（Protestantism），中文一般稱之為基督教，與天主教有所分別，但此

受的教導要我在思考時具有批評精神、要看重「上帝之道」（the Word）而不是聖像、並幾乎全然不受傳統天主教象徵物件和儀式的感動。我對自己說：我必須曉得這群人正處在另一世界裡，他們在那裡至少暫時充滿了宗教的敬畏之情和奇妙感受——或者說，即使不是那麼深度參與，但他們確實滿懷誠摯和崇敬；這可從他們虔誠的舉止看得出來。我不知他們是誰，也不知他們在想什麼，但我可從他們的臉孔和身體語言看見明顯的宗教情懷。他們進入了一個象徵世界，在那裡他們的心底絲毫不藏任何反諷思維或批評態度。他們跟我雖生活在同樣的歷史時代，但在文化上卻差隔了數百年。我是個不折不扣的現代人；雖然我至少在某種程度上可以想像和欣賞他們的世界觀，但我不可以走進他們所在之處。他們的象徵不同於我的。

　　幾分鐘後，我踏出幽暗的教堂、回到陽光下。即使教堂內的整體空間把會眾引往了神的世界，它卻讓我多少感到幽閉的恐懼。那裡沒有什麼自由思考的空間。況且，當我跟我的新教祖先——齊文格利（Zwingli）和喀爾文（Calvin）[2]——站在一邊時，我還是覺得最為自在。就是這兩位先祖把大教堂裡的雕像和圖像掃除乾淨的，然後代之以「上帝之道」——智性、抽象思考、以及由概念（而非圖像、身體儀式、彩繪窗戶、雕像）所構成的意

譯名常混淆中文讀者。西方用「基督教」（Christianity）一詞指稱整體的基督教，包括羅馬天主教、東正教與新教，本書中的「基督教」、「基督徒」譯名，亦是在全稱整體基督教的脈絡下使用。

2　譯註：齊文格利（Ultricht Zwingli, 1484-1531）為瑞士宗教改革運動領袖；喀爾文（John Calvin, 1509-1564）為宗教改革時期著名法國神學家暨教士，後因天主教迫害遷往瑞士日內瓦。

義。宗教改革使思考凌越在藝術技巧之上，並讓直覺和感覺[3] 合作，產生出嚴厲的倫理態度，最終帶來灰色簡樸的世界。新教世界講究的邏輯和抽象思考到後來又被現代世界的數學和科學所替代。今天，在我所知道的大多數新教教會裡，講道者的言語都十分陳腐無味，其觀念也大多過時落伍。「上帝」一詞已不具生命力的聯想，只被當成《聖經》故事聽聽而已。這就是《聖經》宗教今天面臨的危機。教會只把過去的意義空洞而零碎地保留下來，除了微微顫動一下的懷舊之情之外，什麼都不剩了。

現代世界也是這樣。現代世界把象徵物件、神話、宗教物品、以及可創造意義的圖像棄置一旁，而去擁抱懷疑、聳聳肩膀的不可知論以及慎言含蓄的科學態度。我們等待科學研究來回答我們的問題，但這些來自實驗室的答案從來不是最終解答，反而要我們時時期待它們將有進一步修正或甚至逆轉的說法。現代心靈不再有空間來思索可見世界之外、不可知的超自然世界。自然世界就是全部世界，科學則提供了探索它的工具。

然而，這並不是說人即使在情感上也無法與古老神話——希臘的、埃及的、印度的、以及眾多世界信仰系統中的任一個——產生共鳴。事實上，有些現代人已經深切體會到古老神話為人類的存在提供了神奇、甚至核心的種種譬喻[4]。神話學在各個角落盛

3　譯註：「感覺」（feeling） 是榮格使用的特定名詞之一，是人在憑主觀作決定時所運用的心理功能。榮格認為，人一般而言依其最偏重的心理功能分為四類：thinking（思考型）、feeling（感覺型）、sensation（感官型）、intuition（直覺型）。

4　譯註：原文 metaphor 在一般中文字典都被譯為「隱喻」或「略喻」，但實際上本字在英文中意義可大可小，尤其它的副詞 metaphorically。譯者在此將之譯成「譬喻」，可使文意更清楚。

行起來，但我們還是滿腹疑問：在新穎的圖書館或電腦網路上閱讀歷史巨著和數不清的世界神話時，我們能否因此經歷到可信的靈啟經驗？這可得要仰賴騰躍的想像力，但身在物質主義的現代時區，我們早已不信這套了。我們也常觀察到，神話主題滲透了當代的故事作品和媒體，但它們並沒有帶來信仰或信念，只具娛樂效果而已。長篇小說、影片、詩、或最新的電視連續劇都頗能激發強烈情感，卻極少為我們帶來可以轉化生命的靈啟經驗。它們也許偶而閃現靈啟的光輝，卻都無法持久，只帶給我們短暫歡樂而已。雖然神話創作者的想像力可以在閱觀者身上發動強烈的情感起伏，但這些起伏充其量只能讓我們忘懷嚴肅的生活責任，無法讓我們與神相遇而獲致自我轉化。現代世界在失去往昔宗教的重要象徵及預表符號[5]的象徵意義後頗能適應現況。譬如，如要引起些許反響，「救贖」之重要性可以轉換為社會和經濟領域的用語。即使「靈魂」和「精神」在現代並不具有意義，創造力和創新精神卻因被賦予高經濟價值而獲得重視。於是，如果想要找條路徑來追求古人和傳統宗教曾無需自覺反思就能深刻體驗到的象徵生命，受現代文化薰陶的人往往在極盡努力之後仍然徒勞無功。

　　我有次觀賞了阿斯奇里斯（Aeschylus）[6]《奧瑞斯提司三部曲》（Oresteia）之一《阿卡曼農》（Agamemnon）某版本的精采演

5　譯註：「預表符號」（the type）指預示及象徵未來事件之人、事、物。如《舊約聖經》中的事件、人物和經句常被《新約聖經》作者和後世天主教徒及基督教徒認為預示了救世主耶穌基督降生於世和受難的故事。古天主教和東正教藝術常把這些預表象徵與《新約》故事並列映照於同一作品中。

6　譯註：阿斯奇里斯（西元前約525–456）為希臘悲劇作家。

出。這場演出極富情感衝擊力，意圖讓觀眾直接面對大地女神蓋雅 （Gaia）的盛怒——她猛烈責難現代人對生態環境沒有感同身受的能力而對她濫取誤用。蓋雅兇猛的尖叫聲狂暴到足以震碎一切；我和其他觀眾在驚嚇之餘，一時間莫不深信自己必須不惜一切代價來保護大地、否則將遭到殘酷無情的懲罰。離開劇院時，我深深感受到這場演出和其中訊息的撼人力量。然而我後來開始思索蓋雅這個角色。在我看來，她是個譬喻，而劇本的幾位作者利用這意象和語言的力量來打動人心、藉以傳達他們的政治立場。但政治人物、科學家和現實的商人會因蓋雅在舞台上吶喊就立即採取行動嗎？他們會一致認為自己所認識的地球——一個地質實體——確實如同蓋雅一樣正在發出叫喊？難道地球真因我們種種冒犯「母親」的罪行而正在「懲罰」我們？在某種說法上、以譬喻來說，是的。但這畢竟只是人所建構出來的譬喻，是劇作家在情感——以恐懼和罪惡感居多——的驅使下想像出來的。若我們不再相信蓋雅是神，我們還能嚴肅看待類似的訊息嗎？這訊息的源頭是什麼？它來自神祕彼方、還是現實世界？我們難道不應透過測量工具和理性探究來找出真相並採取行動，而非憑藉戲院所製造和激動出來的情感？

因此我自問：在現代世界裡，還有任何象徵——甚至上帝意象——可以具有說服力和意義？譬喻充斥於影片、文學和藝術領域，不斷打我們眼前經過，但它們沒留下什麼，只讓我們記得自己的情緒曾有所波動，或讓我們從中撿拾一些抽象觀念。譬喻無疑可協助我們思考，但它們能提供方向而且可靠嗎？它們會干擾清晰的思路，因此科學對之深表不信任。我們也許還是依賴理性和嚴謹的估算、並利用科技本身去解決科技氾濫的問題好了。為

預防大自然遭到毀滅，我們需要科學，而不需要象徵。但是，僅賴科學過日子就夠了嗎？人需要意義，這又該怎麼辦？譬喻和科學似乎都無法滿足這需求。

在本書中，我刻意在現代世界特有的相對命題間維持其張力。在這緊張對立的關係中，其中一方是人性對於譬喻和宗教的天然嚮往，棄之於不顧必會帶來惡果。往反方向拉扯的那方則是我們文化中對於批判思考、抽象陳述、科學證據、和破除神像（不要圖像，拜託！）[7] 的強烈偏好。現代世界當然傾向於邏輯和破除神像的思維，可是事證顯示：如果沒有圖像、譬喻、和象徵，人是不可能思考和言語的（換言之，也就是無法活著）。現代人在這兩相對立中偏向科學的情形，可從當代高等教育重視自然科學、貶抑人文學科的現象得見一斑（社會科學則勇氣十足地想跟自然科學套拉親戚關係，卻多半無功而返）。然而，在現代社會邊緣、位於大多學術研究之視野以外的一個事實是：靈性和超越持續持有巨大吸引力，力抗量化和邏輯分析，並堅守自己對真存世界的特別見解。這種對靈性空間的堅持甚至仍然存在於最現代及物質主義最充斥的文化裡。事實上，根據科學問卷調查，各種形式的靈性追求在當今世界裡再度蔚為風氣。大衛·泰西（David Tacey）甚至提到我們這時代的「靈性革命」和「當代靈性之起」（Tacey, 2004），並從現代社會的許多領域為自己的論點掏出一袋又一袋的證據來。

7　譯註：原文 iconoclasm 一字與羅馬天主教及東正教所依賴的圖像藝術（iconography）有對立關係，意指摒棄宗教神像和聖徒像，而視上帝為無以名之、象之的存在。現代用法則指破除傳統或通俗的迷思與崇拜。

在現代世界以及如今的後現代世界裡，我們既必須與代表超越及靈性的象徵共存，也必須離開它們。這需要巧妙的平衡功夫。我們必須與它們共存，是因為它們會以靈啟經驗的形式不請自來、自動降臨。但就在心中持守它們的同時，我們還必須開闢一條思路來穿過和越過它們；換句話說，就是要使它們進入意識並整合於意識中。這是我們必須經歷和維繫的張力平衡。總而言之，我主張一條個別的靈性道路——它以個人生命經驗為基礎，而行走在它上面的那人要能以心理學觀點反思這些經驗。這條路存在於一切宗教體制之外。我將這種照顧靈性的方式稱為「關注自性」[8]。

8　編按：Minding the Self（關注自性）為本書原文版主書名。

【第一章】 「新酒需要新皮袋」

　　為了闡述「關注自性」這主題，我在全書中將引用榮格的生平和著作。我不想為此辯解什麼，因為我無意把榮格塑造成英雄或把他樹立為理想典範。我之所以使用他的傳記和作品，是為了讓本書的討論有骨架、也有充分細節。這只是討論現代人面對靈性困境的一種方式；畢竟榮格自己就曾銘心刻骨地經歷過這種困境，又曾用漫長的一生把它詳記在著作中。為了解決現代文化的集體靈性問題，他曾透過親身經歷和理論建構做過出色的努力。即使未必能如我們所願地提供一切答案，他的努力仍可推動我們的討論。察覺到現代靈性苦悶的榮格不僅診斷問題，還試圖消除這苦悶，結果他運用了相當激進的處治方法。

　　現在大家都很了解，榮格一生不斷以各種方式用心與宗教對話，而且很自然地，他與自己所出身的基督教傳統對話最為密切。這在他晚年所寫的自傳《榮格自傳：回憶・夢・省思》中有清楚描述。他在其中憶述自己在新教牧師宅第中度過的童年、與身為瑞士改革派牧師的父親保羅・榮格之間所有不愉快的討論、以及他早年與晚年在信心和信仰上的掙扎。榮格不像佛洛伊德一樣完全認同啟蒙運動（the Enlightenment）[1] 以及理性和實證科學

1　譯註：西方啟蒙運動（the Enlightenment）發生於一六五〇年代至一七八〇年代之間，其主要思想家強調理性、個人主義、方法論等，在政治、社會、哲學、科學各方面引發重大變革，開啟了西方現代歷史。

靈性之旅 ┠

至上論——這種至上論貶損了感覺、尤其直覺的價值。他傾向於德國浪漫主義及其對神話、象徵和神祕的高度重視。榮格常說：智性是搞怪的精靈，會誤引個人而使之不想參透實情、尤其心靈的實情。另外他也覺得，縱使他不相信基督教教條的陳述，他至少與部分基督教——他祖先留下的傳統——是相通的。在他靈魂音域的最深處，他以人類與生俱來的宗教情懷（homo religiosus）回應生命；即使避開宗教體制，他依然能對靈性敏於領悟且與之共鳴。套用馬克斯・韋伯（Max Weber）[2]的一個著名說法，他具有「對宗教調性的敏感度」（religious musicality）。韋伯也說，這種特質在多數現代人身上已經不存在了。在某種意義上，榮格甚至可說屬於中古世紀。所不同的是，他受了現代科學教育和訓練的洗禮，擁有可與現代靈性問題角力的知識工具，而得以不將這些問題撇於不顧。基於這些理由，他的著作可說為我們這時代中的靈性徬徨者提供了指引。

我們千萬要了解：榮格在拾起並使用前人的宗教語言時，他所使用的是這些詞彙的象徵和心理意義，而非字面或形上的抽象意義。例如，他沒用傳統信徒或神學家的方式來談論上帝；也就是說，上帝對他而言並不是形上、超越的存在，而是「原型」這個心理功能所造出的上帝意象。這是我們在閱讀榮格關於宗教主題及意象的討論時務必要記住的。各種迷惑不解和無謂的討論都曾由於誤解他在這關鍵點上的立場而發生過。

是什麼生平背景、時代思潮和其他原因促使榮格寫下許多有

2　譯註：馬克斯・韋伯（1864-1920）為德國著名社會學家及哲學家，是現代社會學創立者之一。

關基督教教義的著作，並與重要神學家進行廣泛對話和意見交流的？我在更早寫成的《榮格對基督教的處遇》（*Jung's Treatment of Christianity*）一書中有討論這些問題。簡單來講，我在書中認為：榮格在中晚年後（大約六十歲後）自告奮勇要為基督教進行一番對話式心理治療（psychotherapy），把治療對象從個人延伸到了文化層面。基督教根深蒂固的傾向是把人類心靈劃分為兩個無法復合的對立面向：善與惡、陽性與陰性、靈與肉。這傾向就是榮格想要治療的。比較健康的哲學和宗教體系——例如道教——會認為這些兩極面向在本質上是相關連的、彼此具有辯證和互動的關係，但基督教卻認為它們彼此爭戰、永無終了。此種對立是精神官能症的溫床。榮格並認為，基督教的宗教和文化勢力在世界舞台已漸形虛弱；除非能找到方法來癒合它集體表相之下的內在衝突，它註定將從世界消失絕跡。他願意幫它找到出路、脫離這個僵局。但最後他發現自己的計畫一無所成，原因在於病人無意尋求完整。

但是，他的努力還是闢出了一條充滿提示的路徑，給了我們在目前困境中找到前進方向的可能。然而，不僅傳統人士會對這方向大表反感，許多現代人士也無法接受它。我將稱它為「第三條路」，既不反現代或回歸傳統、也不屬於去除了宗教的現代。這是我所預見、以神人整合觀念為基礎的新人文主義；對所有接受挑戰的人來講，它最終目的是要把完滿的上帝意象（imago Dei）體現於人性之中。這是心理學提出的挑戰和機會——挑戰傳統宗教中超自然且形上的上帝觀念，並為未來提供機會、使之終能把靈性納入意識和日常生活的織構中。然而，為此我們必須大幅度扭轉思維，把傳統宗教神學所定義的上帝轉換成心理學上可

靈性之旅

併入人類意識的上帝意象。

上帝意象的蛻變

榮格在他晚年所作、充滿爭議的《對等於約伯》（*Answer to Job*）[3] 一書中用有力的字句預示了這條現代人可行的靈性之路。他說：「上帝想成為人，而且仍然想」（Jung, 1954；段739）。這觀念中所隱含的嚇人意義尚待釐清，因此我將在下面試圖做個開始。完整的個體化將是討論重點。

榮格與牛津大學黑衣修士學院的道明會（Dominican Order）神學教授維克多‧懷特（Victor White）曾長期交換意見，而《對等於約伯》的成書有一部分要歸因於此。那場對話代表了榮格試圖藉創意及治療方式與基督教打交道的重要階段。這兩人始於一九四五年、榮格七十歲時的通信往來充分表明了他們之間的關係。榮格在幾個問題上極其認真地與懷特交換意見，而最急迫的問題乃是分析心理學與傳統基督教神學及規俗有何干係。在與維克多‧懷特保持密切的情感與智性關係之時，榮格得以進一步獲悉基督徒心靈深處的種種劇烈衝突——且不論這些衝突就發生在一個試圖接納心理學想法、卻同時始終效忠羅馬天主教神職傳統的人身上。一九五二年以德文出版、一九五四年以英文譯本出版的《對等於約伯》就在他們對話的期間出書。書的內容有一部分可說針對懷特個人提出答覆，但顯然也是為所有基督徒而寫。

3　譯註：本書之中文譯名在以往中譯本中為《答約伯書》，與本章所述不符。Answer 一字有「對等者」之意；譯者在此將書名改譯為「對等於約伯」，以符合原意。

任何生活在以基督教為主流的文化中並參與該文化的人都是該書針對的讀者。榮格在書中回應了基督徒心靈衍生出來的問題，但對於決心效忠並擁護基督教神話的人來說，這書的內容是很難理解的。對維克多‧懷特而言，《對等於約伯》所傳達的訊息全然悖離了他的宗教和哲學信念，因此他斷然結束了與榮格的合作計畫。事實上，懷特認為，在批評基督教的上帝意象和大膽提出「道」一再成為肉身（continuing incarnation）以及「人人成為基督」（the Christification of many）（Jung, 1954；段758）這些怪異想法時，榮格過度膨脹了原型觀念並患有偏執狂。

榮格在《對等於約伯》中所傳達的偏激訊息是什麼？基本上，這訊息就是：《聖經》戲劇的場景已從形上和神話信仰（the mythical）的空間移轉到心理領域；人類如今要為自己的拯救與贖罪擔負個別責任並化解心靈面向的對立，不能再仰賴「外於我」、存在於超自然領域而崇高無形的上帝。對現代人來說，拯救和贖罪不再來自上方，而是來自內心。心理學時代已降臨在我們身上；這是巨大的挑戰，但也是人類繼續演進的巨大機會。

在西方世界以及全球化後所有步向現代化的社會中，文化先鋒們已經棄置神話和形上的思考方式，而以俗世的、實用的、功效取向（instrumental）的態度以及物質主義的哲學觀取而代之。現代世界所詣至的意識平台不再臣服於宗教信條和宗教人物，而看重俗世和科學，並日益強調個人主義。它也迴避抽象的形上思考，強調真確而切合需要的知識必須立基在研究和經驗之上，而非根據宗教信心或對宗教權威的信任。也就是說，個人必須在後神話和後形上學的時代裡重新想像自己的人生目的和命運。他必須尋找別的啟示和知識來帶領他前進，因為神學的邏輯已無法再

說明人類的實況。如要在當代情境下找到靈性，我們必須在現代的黑暗中開啟新的燈光。榮格認為這將源自心靈之道（logos of psyche）的論述，也就是心理學（psycho-logy）。但「心靈」是什麼？它的「道」又是什麼？它當然屬於人性和自然界，並深植於肉體之內。但它也能深刻觀察和思考超越的種種徵兆——我會在書後討論到這點。

　　《對等於約伯》用心理學的角度評論《聖經》和自古至今的《聖經》傳統。在詮釋《聖經》時，它不屬於或服膺任何特別的宗教傳統或觀點——希伯來的或基督教的——也不受現代歷史學研究方法的束縛。它既非宗教產物、也非學術作品，而是心理學探討。也就是說，榮格以心理動能的法則——尤其「個體化」的法則——作為這本書的綱領。換言之，它根據心靈邏輯和其發展（也就是「個體化」）來提出心理詮釋，而且重要的是，它也把詮釋者的情感和直覺納入論述方法之中。詮釋者面對文本時的心理反應是詮釋工作不可或缺的一環；這一方面是由於詮釋者充分知道自己對待文本時會帶有個人情感，另一方面也是由於他會在這個人情感的影響下完成工作。詮釋者的心靈有意識地左右詮釋過程，自然也將影響詮釋的成果。《對等於約伯》讓我們深刻體驗到心理詮釋在大師手中畢竟成果不凡。

　　在榮格用心理學觀點察看《聖經‧約伯記》和其他經卷時，他創造了一個奇特而令人驚訝的故事，也就是《聖經》之上帝意象經歷個體化的故事。上帝是《聖經》的主角；就此而言，上帝是個文學角色，或照榮格的說法是個上帝意象，而非本然存在的天神。榮格在故事文本和其文旨之間設下間距；對他而言，始於世界之創造而終於世界末日的《聖經》故事講的乃是上帝意象的

心理演進過程。榮格自己藉書寫《對等於約伯》而變成了首屈一指的創作者，在某些方面更超越湯馬斯‧曼（Thomas Mann）或甚至歌德[4]——這兩人也分別在《浮士德醫師》（*Dr. Faustus*）和《浮士德》（Faust）兩書中寫起上帝與撒旦打賭的主題。實際上，榮格改寫了《聖經》——也就是基督教世界的至高神話（supreme fiction）。我們在《對等於約伯》裡見到哈洛‧卜倫（Harold Bloom）[5] 所說的「強力誤讀」（strong misreading）；這種誤讀本身就有可能成為一首偉大的詩。《對等於約伯》是首談論心靈的詩，鋪陳了作者在靈視中所預見的新人文主義。這新人文主義既不帶任何傳統宗教的意涵，也與無神論或俗世主義無關；它關乎靈性，但剔除了所有形上的假定；它提倡由經驗所帶來的知識，是一種現代靈知論（gnosis）。

神學家卡爾‧巴特（Karl Barth）曾正確指出，榮格的誤讀反映了心理學家的、而非上帝的內心世界。以下是我為這誤讀所做的摘要。

> 榮格視《約伯記》為整部《聖經》故事的核心。這深奧難解的經卷是《聖經》主角「上帝意象」——亦即耶和華——心靈轉化的樞紐。《約伯記》中的上帝冥頑不靈並舉措失當，全然錯待約伯。上帝在無可指摘且高貴的約伯身上遇到了一個較祂優越的意識層次。約伯立場堅

4　譯註：湯馬斯‧曼（1875-1955）和歌德（Johann Wolfgang von Goethe, 1749-1832）均為德國作家。

5　譯註：哈洛‧卜倫（1932-）為世界知名文學批評學者，任教於美國耶魯大學。

定而且全然正直,但上帝卻在全然不自覺中傲慢地濫用權力。人類意識超越了神性,因為自稱無辜的約伯是對的,而待他如卑僕的上帝是錯的。上帝在面對約伯時表現得既不得體又殘忍。祂違背了自己的正義感,不守聖約承諾而失格。祂藉約伯的慰友來圍攻他,讓約伯成為他團體的替罪羔羊。可憐的耶和華觸摸不到自己的至高智慧——也就是索菲亞(Sophia)[6],祂永恆的陰性互補者。在粗暴對待約伯後,上帝了解權力不應凌駕在公正之上,因此祂不得不改變自己並彌補過失。首先祂必須認知到自己其實不如人類;但問題關鍵在於祂能否察覺自己內心的陰影原型(shadow)。上帝之前對待約伯極為不公,而且並不全然知道自己在做什麼:祂先容許撒旦——祂的左手——奪走這人的世間財產、家人、健康,藉以試探他的忠誠是否真的堅定不移;接著,當約伯通過考驗而能持守完美品德時,上帝卻大發雷霆,耀武揚威地不允賜下約伯所懇求的公義。上帝顯然背叛了約伯,先是惡待這正直的義人,繼而讓他因無能為力而陷入默然無語。在這場無聊的惡作劇中,上帝完全沒有展現祂自吹自擂的智慧和公義。

這場戲劇為上帝引發了良心危機。作為一個心理因

---

6   譯註:希臘文Sophia意為「智慧」,是柏拉圖哲學中的重要概念。西元前一世紀時某希伯來學者以希臘文寫成Sophia Solomonos《智慧書》經卷,後世羅馬天主教及東正教均將之納入《聖經》正典。在《智慧書》和其他被視為智慧書的《聖經》經卷中,「智慧」——即「太初有道」的「道」(Logos)——常被擬人化為上帝的陰性伴侶,與永恆上帝一同造化宇宙並與之同質並存,是上帝精粹榮光的散發者。

素，上帝意象會受到意識活動的影響和作用。即使它是一個集體意象並深埋在無意識的原型疊層當中，上帝意象仍在意識可觸及的範圍內──事實上，它深受個人意識動靜的牽動。為了趕上約伯並重新站上道德高點，上帝與人類發展出深厚的關係，以道成肉身的方式成為他創造之世界中的一個人。就此，原型自性（archetypal self）的某一重要面向實際走進了自我意識的場域。現在，經由拿撒勒人耶穌的人形生命，上帝所經歷到的苦難跟祂當初施加在約伯身上的在性質和程度上是對等的。上帝的人形生命在遭人背叛和背棄中告終於十架上。像約伯一樣，最初被高舉為典範、最終被群眾藉暴力唾棄的耶穌成為了替罪羔羊。耶穌在十字架上說出「我的神，我的神，你為何遺棄我」時，上帝完全參與了約伯的經歷。耶穌曾信任他在天上的父親，但這信任在他全然遭棄時受到背叛。具有耶穌人形的上帝此刻與當初信任祂、卻遭祂背叛的約伯承受著一模一樣的痛苦。這就是上帝「對等於約伯」時痛切心骨的感受。背叛者成為了背叛的對象，因而體驗到祂自己內在陰影原型的全盤效應。角色對調大功告成，產生了更大的覺知能力。就此，上帝的知覺意識向前邁進一大步，能與約伯所立下的典範相與比擬。這代表了原型自性巨幅增加了意識，是集體意識的歷史性躍進。

然而，上帝事實上超越了約伯，因為祂看見了自己的不忠，而約伯從沒如此看見過自己、也無此需要。在苦難過程中，一個新上帝意象──完整意識的模型──誕生了，其地位難以想像地遠高過祂以往所有。這代表了上帝

意象的戲劇性轉折：從專橫的權力變成了能覺察自己內心之陰影原型並為之負責的存有。這是個在心理上更為進化的新上帝意象。在這點上，原型自性——它是世上所有神話和神學中上帝意象的基礎——進入了新的個體化境界。

在《聖經》故事中，這一切都發生在神話信仰（myth）的場景中，其中的上帝超越萬有，但祂在《舊約》中的這種角色性質將於《新約》中有所轉變。在心理意義上，此一轉變原顯示上帝意象有可能變得更能包容「兩極面向」——善與惡、陽與陰——並使這些面向更能和平共處。《聖經》宗教原有機會趨近道教的見解，視兩極面向彼此具有正反合的辯證關係——一個博大包容的宗教應該傳述這種見解的。這種見解曾被早期基督教提及，但不幸未能落實採納，原因是神學及古代世界文化氛圍中盛行的對立思維最終還是主宰了教會。

來到現代，我們今天所知的人類意識已經超越或遠離了先現代時期的神話及形上意識型態。這發展引進了心理學，帶來一種思考宗教經驗和其想像力的新方法。在這新模式裡，心靈取得了上帝曾經所在的位置；自性——集體無意識中的最核心原型——佔有了之前被視為超自然神祇專有的地位。在我們現代人的談論中，原型自性——而非形上的男女神祇——才是上帝意象的出產者。人類心靈成為了故事主角，是自覺和非自覺之個體化過程中的主體暨目標。如今，心靈被視為是天堂和地獄、神話中的男女神祇、天使和魔鬼等的所在之處。心靈是這一切兩極得以存在的源頭，也是前人想像之神靈國度成員大戰衝突的真實戰場。人將在心靈戰場上贏得、輸掉或堅忍熬過這一切喧囂戰事。人類意識

如此巨大的轉變使人類——集體或個人——開始承擔起接受個體化挑戰的心理及道德責任。以前的神話信仰現在成為了心靈的故事；這知覺的改變對人類來講意味深重。

　　舉例來說，傳統基督教神學基本認為「道成肉身」——上帝以耶穌基督人形現身——是獨一事件。這事件只發生一次，不會也不可能再度發生。榮格則藉心理學模型把「道成肉身」的觀念重新定義為：無意識在個人一生中融入意識的演進過程。他稱這過程為「個體化」。對現代男男女女而言，「道成肉身」意謂積極自覺地進入個體化過程；在這過程中，個人必須忍受兩極面向的衝突，同時也必須臣服於這衝突所導致的極端痛苦，一如在十字架上受難的耶穌基督（十字架就是「懸於兩極之間」的象徵）。對榮格來講，為個體化忍受苦難乃是最真實的「效法基督」（imitatio Christi）。在傳統上，「效法基督」係指努力變得跟基督一樣完美或效法他的榜樣，但現在它指的乃是忍受內在兩極面向衝突時所造成的極端痛苦、直到具有整合力量的象徵誕生於個人靈魂中。換句話說，每個人都必須用自己的生命來體現心靈之意識和無意識層面共構的全面複雜性。這就是「關注自性」。

現代人須承受人性兩極衝突之苦

　　接受個體化挑戰的個人必須承受人性中兩極面向衝突所帶來的痛苦。現代意識不容許人逃避必要之衝突而去擁抱「上帝會照顧一切」這種撫慰人心的想法。上帝意象不再運作於人心之外。「救贖」（atonement）——也就是「整合為一」（at-one-ment）——乃透過個人爭取意識的過程而發生於內心，並非經由外在上

36　　　　　　　　　　　　　　　　　　　　　　　　靈性之旅

帝的干預而獲得。如果一個人有意識地去擔負無法用理性解釋且劇烈不已的痛苦，這痛苦就會具有意義。這種擔負便是現代人要挑起的責任。我們不能再把內心的陰影掃到地毯下面而加以掩蓋，卻必須用意識去處置它。每個靈魂都必須面對善惡之戰。用意識去忍受此種衝突之苦對個人、最終對集體都具有莫大意義。這就是榮格在《對等於約伯》書中最懇切的論述。

　　基於對現代世界的了解，人類意識已不再接受神話信仰和形上學的字面意義。失去了可以依賴和從中取暖的神話信仰，現代人既站在《聖經》內約伯所站的位置，也處於耶穌懸掛於十字架上時的境況——獨自一人、被棄、神話信仰破碎、邪惡赤裸裸張揚。個人如何能應付這種恐怖？回到神話信仰和宗教信仰已不可能，因為現代意識已經離開那種心態而移入新的版圖，沒有回頭之路了。前進之路必須是心理探索之路；也就是說，新的意識姿態將不能再仰望「上神賜救」（transcendently given relief）這種安慰人心的神話信仰，必須採行另一條路，也就是心靈之路。

　　對傳統基督徒來講，教會一向為他們提供了保護、讓他們免於遭遇這類困境所帶來的苦惱。得勝（勝過撒但）和復活的基督已經贏得了必要的善惡之戰；將來世界末日時打敗並永恆禁錮撒旦的上帝還會再贏一次。救世故事的主要情節在神話信仰的境界裡大功告成。信徒只需相信上帝已經或將完成這工作，然後登上教會這艘集體大船，被動領受所賜的恩典，並緊附在「一切都將美好」這種保證上即可。

　　榮格在《對等於約伯》一書中宣布了壞消息：這一切都已失效。現代所有重大事情都繫於人類心靈是否平衡。是個人願意忍受衝突以化解兩極面向的緊張，還是眾人選擇劃分兩極面向、

然後粗暴而無自覺地釋放科學所提供之能力去毀掉地球？「如今一切都唯人是賴，因他手中握有巨大的毀滅力量。問題在於他能否抗拒自己的意志而不使用這力量，同時用愛和智慧去改變這意志」（Jung, 1954；段745）。榮格在他帶著講道風格且動人心弦的詩中[7] 呼籲那些不再認為教會大船牢靠的人跳入個人小船、靠自己來面對狂風大浪。但脆弱而不堪一擊的個人有能力在兩極面向紛戰的波濤中保全性命嗎？這是人類今天所面臨的巨大困境。什麼能拯救我們？

透過與維克多‧懷特長篇而深入的對談，榮格終於發現，自己的人類願景和對人類現況的了解與正統基督教是格格不入的。他的訊息無法合入這傳統的框架中。他在寫給懷特的最後一封信裡說：「新酒需要新皮袋」[8]（Lammers and Cunningham, 2007；頁287）。

7　譯註：指《對等於約伯》。

8　編註：《新約聖經》記載一個耶穌講的比喻：「沒有人把新酒裝在舊皮袋裡，若是這樣，皮袋就裂開，酒漏出來，皮袋也壞了，惟獨把新酒裝在新皮袋裡，兩樣就都保全了。」（太九16-17；路五36-38）

靈性之旅

【第二章】　為神騰出空位

　　帶著一種詩情，榮格在《對等於約伯》書中動人地表達了「道成肉身」的觀念。現在，我要進一步為大家把這觀念的理論基礎找出來，也就是為「我們人類該怎麼做」提出答案。這答案與個體化的意義有關，而個體化指的是：人性潛能從子宮受孕之時開始形成到它經歷人生歷練和思索而終告完成的過程。我們生來就是要經歷個體化。心理學理論必須為現代經驗所榨出的新酒提供新皮袋，不然我們還能依賴什麼？心理學理論可做為容器，並調整我們的思考，就像古代神學和神話一樣。它可幫助我們把個人經驗直接導致之新且獨特（甚至令人驚訝）的見解整合到我們的自我認定和世界觀中。最重要的，它能讓我們看見個體化過程中的種種辛苦有何意義。

　　本書的心理學理論重在討論榮格所說之「自性」的意義。任何稍微熟悉榮格作品的人都知道，他在「自我」（ego）和「自性」（self）這兩個名詞間做了重大區分。在這點上，他絲毫不含糊而且態度始終一致。自性指稱假定的一個心靈領域，涵蓋自我情結的所有面向以及環繞於實際意識和可能意識周圍的暈影。它包括自我情結的意識和無意識面向，如自衛機制以及那些被遺忘或暫時消失、但可藉某種努力或協助被導回意識的心靈內容。此外，自性還在好幾方面超越了自我這塊由心靈元素聚結而成的區域：由於它把心靈所有意識和無意識的內層及面向納入自己的保

護傘之下，它所指稱的範疇遠比自我情結要廣，因此它在理論幅度上也更為複雜。它不僅包含了意識內或自我情結內的一切對立和張力，也包含了整個心靈中的一切對立和張力。它也跨越意識和無意識的分界線。自性負責心靈整體的根本整合，而自我情結只為意識提供某種程度的整合。自我和自性的關係就如同部分和整體的關係。

因此，榮格經由這自性觀念預設了一個新的心理維度；這維度遠遠超過個人尋常所意識到的自我了解、自我身分、自我感覺和心靈經歷。最重要的，它為現代人打開一扇門，讓後者可以進入超越和靈性，並與傳統宗教的靈性形式連結。這是因為自性——集體無意識中的核心原型——是世上所有宗教和神話中一切原型意象的起源，包括上帝意象在內。因此，這個「自性」的假定可讓我們在心靈議題上除了思考俗世所謂的自我身分外，也更深遠思考未知的心靈底處、存在之奧祕、個人與無限的關係、個人即在無限內的可能性、以及靈啟經驗和神聖經驗（Rudolf Otto, 1917/1950）。

無限延伸的自性

在自我情結的範疇裡，我們關注自己，有明確的自我定義和嚴密的自我防衛，並能察知自己的思想、感覺以及情感狀態的來由。我們的個人和社會身分多少有些完整形式，而且與別人的不同——也就是說，它是定義清楚而獨一無二的自我知覺。反過來說，我們的自性毫無定性；它無限延伸，無法被全然理解，而且連結於（或甚至融入）超越的萬物之源和萬有之本。終極而完整的自性是自我情結的根基；它涵蓋心靈固有的所有兩極面向、混

沌面向、陰影面向、以及無數的矛盾和謎題——這一切都是人在不斷改變自我身分和認同的重心時必須與之共處的。自性高拱在縱切人格為兩半的裂谷上方，連結並兼容人格面具（persona）及好壞並存的陰影原型、男女自我情結及阿尼瑪／阿尼姆斯（陰性／陽性本質）、意識及無意識。自性就是顯於、隱於、以及超越一切自我身分、認同、性格時的我們——這些自我身分、認同和性格則一一帶有個人、文化、歷史、性別、和道德的屬性。它是我們所知的一切或猜想自己所是的一切加總後的我們，也是這一切盡被移除後的我們。它是心靈生命之源，因此也是宗教經驗的無底蓄水庫。

榮格在他生命的最後一、二十年中不斷探討神祕的自性。由於有人必然會問「自性之源起為何」，我將追隨榮格晚年作品中的提示來為自性的本體之源（ontological ground）[1] 提出看法。正如自我被套放在自性中，自性也被套放在一個更廣大的本體範疇內。我們在此要觸及的是道地的超自然領域，跨過個人心靈領域而遠及生命萬有的宇宙本源。然而這並不是回歸神話觀點——那會讓我們又退到早期時代中尚處較早發展階段的意識中。

榮格晚年所著的《神祕合體》（*Mysterium Coniunctionis*）是探討自性的文學兼理論作品。如書名所示，這書重在討論如何把自性中固有的兩極面向結合起來，以及如何克服心靈內最主要、存在於意識和無意識之間的對立。榮格一開始就斷然宣告「心靈的兩極結構」是已知事實（Jung, 1955/1963；頁xvi）。榮格宣稱：煉金術的目的在結合對立兩極，心理分析的目標亦如是。然而，

1　譯註：本體（ontology）為哲學名詞，或可譯為道體，指萬有之本的「道」或神。

在這之後，他在書中就不再循直路前進了。就像心靈一樣，充滿了晦澀歧義的《神祕合體》想必曾是翻譯者道地的惡夢。

我接著要從此書引用而詳加討論的下句話是出自〈月亮〉（Luna）這章中的一個單元〈狗〉。榮格寫說：「卡立德[2]的『狗兒子』就是備受尊崇的『哲學家兒子』。這喻詞的模稜兩可性質因此更為明顯：它既明亮如白晝，也黑暗如夜晚，是個完美的兩極合一（coincidentia oppositorum）……」（Jung, 1955/1963；段176）。榮格視煉金術所說的「哲學家兒子」為自性的同義詞。由於「卡立德的狗兒子」意指「哲學家兒子」，自性模稜兩可的本質在這裡倍受強調。對這位阿拉伯作者而言，「狗兒子」可以是咒罵之語，而「哲學家兒子」則是最崇高的讚詞。因此榮格評說：自性「既明亮如白晝，也黑暗如夜晚」，是完美的兩極合一，具有無比緊繃的張力。

在句子結尾，榮格用德文寫了下面這讓人絞盡腦汁的片語："als welche die Göttlichkeit das Selbst ausdrückt"。《榮格全集》的譯者赫爾（R.F.C. Hull）把它譯成：「表達自性所具有的神性」（expressing the divine nature of the self, Jung, 1955/1963；段176）。因此英文句子是這樣的："……it is at once bright as day and dark as night, a perfect coincidentia oppositorum expressing the divine nature of the self"（它既明亮如白晝，也黑暗如夜晚，是一個完美兩極合一、表達了自性所具有的神性）。然而這翻譯並不精確，較可能是個人詮釋，甚至還可能是誤譯。字面的翻譯

2　譯註：卡立德（Kalid ben Jazichi，死於西元704年）是伊斯蘭世界有名的煉金術師，有著作留世。

應如下（堪稱十分笨拙的翻譯！）："……a perfect coincidentia oppositorum, as how the Divinity expresses the self"（一個完美的兩極合一、正是神呈現自性的方式）。很清楚地，榮格在此並沒說自性具有神性——如赫爾譯文的意思——而是說「神」（Divinity）呈現、設計或塑造了自性的兩極合一形式。這有如把「人依上帝之形象／意象（imago Dei）而造」的觀念重述了一次。正如榮格在《神祕合體》一開始所宣告的，心靈具有兩極結構。現在他指出誰要為這結構負責：就是神。在德文原文裡，神（die Gottlichkeit）和自性的區別顯然可見；原文也沒提到自性的性質，只提到它「兩極合一」的結構，而這結構的賜與者是神。

德文字詞die Gottlichkeit不易譯成英文。這名詞的字根是形容詞Gottlich（如神、具有神的形質）。而且，「神」並非特指某個聖神。榮格並沒有重述《聖經》中耶和華於伊甸園內依據自己形象創造亞當和夏娃的故事。成為名詞後，屬性變成了形質，就像我們在英文中把high這個形容詞轉變為名詞Highness一樣，如"Your Highness"（陛下）一詞。Die Gottlichkeit（我將它英譯為divinity）是個泛稱，因此與奧賽里斯（Osiris）、阿波羅（Appolo）、耶和華、佛登（Wotan）[3] 這些殊特的神並不相似。「神」是這些神祇的共有質性，於此被提昇為精粹本質。使他們變為神聖並且與非神聖者有別的，就是這本質。使男神和女神具有神格特色的也是這原型本質，否則他們只會比凡人稍微偉大些，跟英雄無異。榮格用die Gottlichkeit指稱保羅‧田立克

3　譯註：Osiris為古埃及冥間主神，Appolo為希臘神話中具有多重重要身分的神祇，Wotan為日耳曼神話中與北歐Odin大神相同之神。

（Paul Tillich）[4] 所說、超越在個別宗教神祇之上的「原始絕對」
（the Absolute itself），也就是「原始存有」（Being-Itself, Tillich
1967；頁127）。

再說一次：榮格並不認為自性等於神，也沒說自性是神聖的
——雖然某些詮釋者和批評者都這麼說。他只說神塑造了讓內在
兼具兩極面向的自性。就此而言，神與自性互為鏡像，因而反映
萬有之本（Ground of Being）的自性與宇宙密切相關。人類並
不是因為跟宇宙具有相同的物質元素而在本質上屬於宇宙，卻是
因為心靈底部反映了最深遠的本體架構、也就是原始存有。簡言
之，心靈連結於一個名為「神」、形塑其結構的超越因素。

互為鏡像的神與自性

神是個人心靈架構中之自性的本體之源，也是例現於所有人
心之自性的本體。所有人類都連結於同一本體，而人人基本上都
是依照這個本體的建構被打造出來的。然而，自性和神——它的
本體——之間的關係是不對稱的，因為前者雖是後者的例證，卻
不可能全然證驗後者。個人可以盡一切努力去追求個體化、也就
是體現自性，但沒有任何人可以完全體現萬有之本，因為萬有之
本遠遠大過個人自性的容積。有些人也許幾可完全體現自性，但
沒有人——包括史上偉大的靈性人物，如佛陀和基督——曾經如
神學所稱的完全體現過萬有之本。這些偉人都受其時代和文化的
囿限。他們的人格形象只把完整的自性片面地呈現出來，總會遺
漏某些重要的自性元素。而且，他們在神話信仰中的地位乃是他

4　譯註：田立克（1886-1965）為美國存在主義神學家。

人投射在其身上的原型，因此並不能真正反映他們個人的造詣。然而，這些人物卻讓我們得知個體化過程可以獲致什麼樣的成果，並為我們提供了典範，讓我們看見特定時代和文化中的個人如何透過自性的各種可能性體現神性。

世界大大小小宗教中的傳統神祇是原型心理動能在反映自性固有之強大意象時所投射出來的事物。如榮格在許多段落中所強調的，心靈的這些原型意象具有生氣蓬勃的能量。一神信仰的至高上帝意象傳達了自性原型即「居中之秩序原型」（central archetype of order）的意念。多神教中的男女神祇則表達了自性的多面性，反映出心靈的阿妮瑪／阿尼姆斯面向。然而，這些都不能充分表達神──亦即萬有之本。他們是人類藉具有情感說服力的靈啟經驗以及神話和神學想像力所創造出來的意象。這些宗教用神啟（revelation）之說來建立自己論點的權威性，但現代世界否定了其說法的絕對性，如心理學就視其內容為心理投射的產物。

照榮格的說法，自性只在符合萬有之本固有的建構時才稱得上是上帝意象。但這只是假設和理論。由於人的認知方式（epistemology）把可能的知識限定在人心範疇內、不讓我們踏出心靈去認識事物的本然（也就是康德[5]所說的Ding an sich，同於榮格所說的本然原型archetype per se），我們在想像終極真實（萬有之本）並將這想像中的意象投射到名為神的未知場域時，我們只能找到自己所能了解的自性，而非本然的自性原型。如說我們

5　譯註：康德（Immanuel Kant, 1724-1804），德國觀念論哲學家，被公認為現代哲學核心人物。

所知的自性（一個原型意象）是本然自性（也就是神的真確映像），這不過是理論上的說法罷了。否則我們又將相信我們的上帝意象是最終意象，而且真確完美地把神映現出來。充其量，我們只能在萬有之本願藉某些新意象、直覺和靈視的形式片面體現時間接知道它。自性的體現有演進過程，卻永無結論。人類心靈是扇窗戶；神會經它進入意識——不管如何片面或如何完整。

　　一些詆毀榮格的人說他幾乎自以為了解終極的萬有之本，好像他是諾斯底教派[6]的先知而妄自認為握有認識神的內線消息。馬丁·布伯（Marin Buber）[7]曾視榮格為現代諾斯底教徒，事實上還曾稱他為俄布拉塞斯（Abraxas）——這是諾斯底教義中的一個造物主形象，而榮格也曾在《紅書》和富含異象的〈致亡者七訓〉（Septem Sermones ad Mortuos）中提到他。在與馬丁·布伯的一場激辯中，榮格語帶反諷，但也透露了自己的想法：

　　　　僅此一次、算是例外，我要在此恣意思考「超越」這問題，甚至還賣弄少許詩情。在沒有人類的幫助之下，上帝的確為自己創造了一個崇偉神祕到無人能想像的意象，並把它埋入人的無意識而使之成為一個原型、一個光的原型。祂的目的不是要讓歷代各方的神學家們彼此惡鬥，而是要讓不自以為是的人可以在靈魂安靜時瞥見一個與人同

6　譯註：西元二世紀後在基督教內出現的諾斯底教義（Gnosticism）認為物質世界為匠神（demiurge）所造，劣於上帝所在的永恆世界。俄布拉塞斯即為此匠神。基督雖具人形，但純屬靈性，是遙遠莫及之上帝的使者；唯有在神祕靈知中認識基督，人才有可能擺脫物質及肉體的拘縛而贖回靈性。

7　譯註：馬丁·布伯（1878-1965）為二十世紀著名之奧地利猶太裔存在主義哲學家。

質、用人自己的心靈質料打造出來的意象。這意象內含
人類用來想像神祇和自己心靈本源時所需的一切素材。
（Jung, 1952/1976；段1508）

　　榮格也許在表面上言不由衷，但他在此的想法幾乎同於大約
寫於同時之《神祕合體》的想法──「正是神呈現自性的方式」
之語就出現在此書中。在這兩處，神把自性（在回答布伯時，榮
格稱之為光的原型）埋在人心，作為心理的基礎。這就是本然的
自性原型。作為刻印在心靈上的原型，自性是人類所精心設想之
一切神話和神學的起源和來自，但這些神話和神學都不足以完整
或全然真確地描述本然自存的神。世上的宗教和神話足以提供關
乎人類心靈的資訊，因為它們起源於心靈並反映它。但它們不
應被賦予絕對意義或本體意義，因為它們是反映原型無意識的意
象，只能為我們提供相對真確的陳述以了解心靈的原型深處。它
們無法明確定義或鉅細靡遺描述心靈的本體之源。本然自性不同
於種種自性意象，而且是心靈內一切神的意象及觀念的發源處，
因此建基於更深遠的本體之源並融入它。我們或可從自性的結構
推測：萬有之本也是兩極結合（unio oppositorum）的形態（否
則，自性為何會如此？）。但人類對於神的了解最多也僅止於
此，其餘都是人憑自己的認定和心理動能所製造出來的心理投射
或全然臆測。
　　個人的職責在於盡可能體現自性，並藉之盡可能在有生之
年體現自性背後的萬有之本。這就是追求個體化，也是我所說的
關注自性。全體人類的職責則在於盡可能以集體之力去體現萬有
之本。姑不論結果好壞，世上的宗教在現代來臨之前都在做這事

情。然而，一旦進入現代，較具完全知覺的個人就該站出來擔起這責任。傳統宗教自困在形上直觀中，因而格局有限而不願接納有關自性的新啟示。也許最後會由許多個人建起一個架構，讓未來人類可以集體把形式更完整的萬有之本表現出來，在全世界各地以集體之力體現神。這可是需要花上好幾世紀、甚至永世——如柏拉圖所說的「大年」，每一大年橫跨兩千年——才能完成的工作。然而，在事事加速的現代，這樣長闊的時間或許也可加速起來，讓早先需要成千上萬年才能成就的事現在可以在較短的期間內完成。然而，到目前為止，還沒什麼證據顯示這加速已經發生。靈性顯然跟不上科技發展和新知的步伐。

現實問題是：極其渺小、侷限在個別意識中且常不自覺戴上所屬文化現成有色眼鏡的個人，怎有可能想到那遠遠大過自我的心靈宇宙？我們當如何、又如何才能體驗自性並將它更充分整合到意識生命中？我們易於為意識自我（conscious ego）築起跟單一族群聚落（ghettoes）一樣封閉的藩籬，夜晚時把自己封鎖其中，以逃避令人心煩意亂、來自夢之月世界的聲音。我們必須克服這種把自我置於藩籬內的傾向，並解除自我防衛機制。但在這之後，人就有可能體現自性的固有潛能，讓超越之神所閃現和微露的種種進入他們有限且遠為狹窄的意識範疇內，並將這種種整合到他們的意識心態及世界觀嗎？這是現代人必須接受的心理挑戰；人們必須擴大意識，讓自己的心向它背後的無意識以及更深遠的世界靈魂敞開。但在這同時，人們會因發現新或不同的上帝意象而飽受衝擊；他們對真實和真理所持的最珍貴認定也會遭到顛覆。

【第三章】 改變與新成形中的上帝意象

　　自近代的歷史意識萌生以來，我們隨處都可找到證據顯示
舊的上帝意象可能、也確實會隨時間變更並被新的意象取代。
十八、十九世紀學者在歷史重建上所作的研究逐漸深入人心，進
而顛覆了宗教事物恆常不變的認知。有些學者認為這些是壞的轉
變、代表早先的純粹信仰趨於腐朽或敗落（如阿道夫・哈內克[1]就
曾批評希臘思想對基督紀元後最初幾世紀基督教神學的影響）。
其他學者認為這些轉變是進化的結果，代表演進和成熟（如約
翰・亨利・紐曼樞機主教[2]）。另外還有別的思想家認為，這確證
了上帝意象都是人為滿足各種別有用心的動機所造出的幻覺（如
伏爾巴哈[3]、馬克思、尼采、佛洛伊德）。在最近幾十年，則有越
來越多的人亟欲把女性意象加進基督教神學的上帝意象中。

　　這些轉變為何會發生？它們有何意義？這些問題足讓人至
感慌張焦慮。如果像上帝意象這麼一個看似恆久的文化標記都會
改變和變質，還有什麼是穩固不移的？人們還有恆定穩固的基礎

1　譯註：阿道夫・哈內克（Adolph Harnack, 1851-1930）為德國神學家及知名的
　　教會史學者。
2　譯註：約翰・亨利・紐曼樞機主教（Cardinal John Henry Newman, 1801-
　　1890）原是英國國教重要領袖，後轉皈羅馬天主教；除辦學之外，有神學著述
　　及文學作品留世，影響遍及世界。教廷於2010年封他為聖徒。
3　譯註：伏爾巴哈（Ludwig Feuerbach, 1804-1872）為德國哲學家暨人類學家。

可以依靠嗎？「萬古磐石」不存在嗎？一切都變動無常？不確定
性充斥各處的結果是現代人充滿了焦慮，但後現代人卻因此歡欣
鼓舞。當然，基本教義派全然漠視這議題並仍舊依附在傳統信
念上。

多采多姿的上帝意象

　　如果有人用不帶偏見的眼光掃視不同文化和歷史長河，他
會發現上帝意象顯然具有各式各樣的表達形式。甚至只要花少
許時間概覽一下世界宗教，任何人都可列出其中幾十個形式。
每當有人試圖描述靈啟經驗並為「神奇的奧祕」（mysterium
tremendum）下正式定義時，一個上帝意象就會出現。這意象來
自想像力，使不可見者以動物、植物、人或抽象名詞的可見形式
被納於容器內。被劃歸於這不可見存有的一組屬性——人至少可
透過語言略窺或略說這不可見存有——進一步定義了上帝意象。
例如，《聖經》中嚴禁神像、諭令人類必須視祂為無形和超越的
上帝，卻在經祂啟示而寫成的經文中接納了文字化的屬性，如牧
人、天父、創世者、供養者、審判者等等。
　　世界眾宗教中的許多上帝意象具有相似特色，其間的差異多
僅在於細節和幾微處，而這些差異是蘊含意象的社會情境和神學
情境所造成的。父神、母神、救主神、天上男神和女神、以及大
地和陰間之神都是上帝意象的例子。將這些意象分類是可能的，
也能啟發人心。
　　除了建立於和根植於宗教及文化傳統中的上帝意象外，個人
記述中也有許多根據夢境及異象、並輔以思索評注而產生的上帝

意象。這後者與集體文化所敬拜的上帝意象有時具有類似性質，而且大多數也能以類似方式加以分型劃類。

照榮格的看法，上帝意象是自性（而非自我或個人情結）的局部表徵。這跟佛洛伊德認為上帝意象乃是雙親情結的表徵有所不同。上帝意象是來自心靈原型層次的靈性象徵，捕捉並傳達了人在直觀或感覺中所體會之令人敬畏、絕對、等同宇宙、永恆的存有。這類象徵可直接把我們引進原型世界的體驗中。它們居間把存有本體——遠在自我範疇和人類可覺察之時空界限以外——的某一面向傳達了出來。

上帝意象是自性的局部表徵

以下有兩個令人印象深刻的上帝意象。第一個來自《聖經》文學，第二個來自當代某位女士口述的夢境。來自《聖經》、已成經典的第一個意象如下：

> 這些事以後，我觀看，看見天上有一道門開著……我立刻被聖靈感動，見有一個寶座安置在天上，有一位坐在寶座上。那坐著的，看來好像碧玉和紅寶石；又有彩虹圍著寶座，光彩好像綠寶石。寶座的周圍又有二十四個座位，上面坐著二十四位長老，身穿白衣，頭上戴著金冠冕。有閃電、聲音、雷轟從寶座中發出。在寶座前點著七支火炬，就是上帝的七靈。寶座前有一個如同水晶的玻璃海。寶座的周圍，四邊有四個活物，遍體前後都長滿了眼睛。第一個活物像獅子，第二個像牛犢，第三個的臉像人臉，第四個像飛鷹。四

個活物各有六個翅膀，遍體內外都長滿了眼睛。他們晝夜不住地說：

> 「聖哉！聖哉！聖哉！主，全能的上帝；
>
>   昔在、今在、以後永在！」

……我又看見寶座和四個活物，以及長老之中有羔羊站著，像是被殺的，有七個角、七隻眼睛，就是上帝的七靈，奉差遣往普天下去的。這羔羊前來，從坐在寶座上那位的右手中拿了書卷。他一拿了書卷，四活物和二十四位長老就俯伏在羔羊面前，各拿著琴和盛滿了香的金爐；這香就是眾聖徒的祈禱……

……我又聽見在天上、地上、地底下、滄海裏裡和天地間一切所有被造之物，都說：「願頌讚、尊貴、榮耀、權勢，都歸給坐在寶座上的那位和羔羊，直到永永遠遠！」四活物就說：「阿們！」眾長老也俯伏敬拜。（《啟示錄》第四章一節至第五章十四節）[4]

這是傳統上帝意象中最令人讚歎的例子，揭示了上帝意象的幾個基本特色：（一）靈越本質（令人敬畏的大能、神奇、以及旁觀之人類心中的畏懼）；（二）絕對的本體地位；（三）等同宇宙。我們從《啟示錄》作者所說得知這意象來自他的異象。我

4　譯註：原文經句出自美國修訂版標準《聖經》（RSV），中譯援用中文和合本修訂版《聖經》。

們也發現他用文學筆觸記述此異象時引用了許多年代較早的《聖經》章節，但這並不能抹煞它是真實異象——亦即無意識原型之自然顯露——的事實。異象領受者顯然精通《聖經》，以致他的無意識也包含了這些較早的經文。在異象中，他較熟悉的、從他處學得的意象與初次顯現的原型意象結合起來，一齊把一個新「啟示」呈現出來。這就是一個新的上帝意象——雖然建立在一個舊的之上。這例子讓我們看到上帝意象隨時間演變的方式。

此外，這異象的象徵性之所以明顯，並不是因為它具有我們所熟悉的《聖經》意象，如四活物（這是直接取自以西結異象[5]的典故），而是因為它超越了這些意象去直接凝視「神奇的奧祕」的核心。上帝意象是個象徵，試圖捕捉並盡可能具現靈性世界（亦即本質上隱晦而無法言表之種種）的本然原型或神本身。在這傳統上被認為是使徒約翰在拔摩島（Patmos）記下的異象中，我們目睹了自性原型一個令人肅然敬畏的象徵形式如何在兩千多年前展現於個人意識中。

越過兩千年跳到現在，我們要見到上帝意象的第二個例子；它與第一個在許多方面有相當差異，但在象徵自性這點上具有可與相比的價值。這是一個六十歲出頭女人的夢境。無論從傳統或一點也不傳統的「新時代」（New Age）[6]角度來看，這女人完全沒有虔誠的宗教信仰，但她具有一種天賦，經常夢見集體無意識

5　譯註：以西結 （Ezekiel） 是《舊約》時代先知，被認為是《舊約》中異象書之一〈以西結書〉的作者。

6　譯註：「新時代」運動是一九七〇年代於西方世界發生的靈性運動。其名稱意指水瓶座新時代將取代雙魚座時代。

中的原型意象。因此，在我看來，與其說她信仰虔誠，不如說她是個重於靈性追求的人。

　　我在一大群緩緩旋轉的人當中。突然我覺得我們腳下的地面劇烈搖晃。有股巨大能量穿過地球上昇。我感受到這巨大能量並發現它有形體，在我們當中以阿拉伯數字八的形狀側倒著移動。然後我發現它是一條巨蛇。

　　巨蛇美麗的臉孔出現在我眼前。它有女人的頭和長滿白色蘭花的巨大身軀。

　　她面向我，巨大的臉孔向我逼近，黑色眼睛盯著我。我當然感到害怕。然而，在害怕之外，我對這奇異而引人注目的東西感到無比敬畏並為之驚嘆不已。

　　她用命令的口氣問：「你是誰？你從事什麼工作？」我報上名字並說自己是心理治療師。

　　她回答：「喔，所以你是靈魂建築師。」我對這稱呼感到訝異，因此繼續聽下去。

　　「你就像朱利阿斯·凱撒（Julius Caesar）[7]……」（她又說出其他歷史人物的名字，但我醒後都忘了）。她必然見到我臉上詫異的表情，因為她繼續說：「你當然不知道這些。朱利阿斯·凱撒是很早時期的一位靈魂建築師。」

　　我此刻直覺知道這蛇自遠古以來就存在於世了。她的記憶記載了所有存在過的靈魂以及這些靈魂一切形形色色的體現和殊相。有些靈魂不只存在過一次，甚至許多次。

7　譯註：凱撒是著名的古羅馬政治家。

她把我比擬為朱利阿斯·凱撒，讓我頗感驚訝。但讓我最為吃驚的是凱撒的暗中身分竟然是「靈魂建築師」。顯然，這裡有什麼重要事情是我所不懂得的。遇見這與宇宙同壽的意識生命使我目瞪口呆、全身發抖。

我們一度只互相看著對方。我讚賞那些遮滿她巨大軀體的美麗白蘭花。我也體悟到她具有無限能力、可以瞬間毀滅我。但我決定無論如何要冒個險，因而大膽說：「你現在有機會做大善事，因為你現在的位置正是你邁向完全意識的進化關鍵點。你已經遠遠越過了中間點。」為自己的大膽感到吃驚之餘，我不知她會怎樣看待我的意見。

她露出神祕的微笑——在我看來，那是一種祝福。巨大能量從她那裡滾滾流出。

就像《啟示錄》中那著名的上帝意象，這夢中具有動物和女性形體的巨蛇意象象徵了神的靈性本質，描繪出一個無限大能、超越時間而等同宇宙的存有。然而，與《聖經》之上帝意象不同的是，這個意象是從地球出現的，而沒有高居天上。這夢也很奇特地提到神的意象正朝意識方向進化中。這蛇形女神——容我這麼稱呼它——並不自認具有一神信仰之上帝的絕對全知能力和超越本質（雖然她的確記得自遠古迄今所發生過的一切人世和宇宙事件）。根據做夢者在夢中的評估，她的意識處於進化狀態，如今距最後完成只剩半程不到的距離。一神信仰向來堅稱，他們賦予名字和崇拜的上帝是無所不知、無所不能、絕非進行式的存有。相反的，這新的女神意象暗示神的意識仍在演進之中。根據這個夢，歷史以及時間的推移會為原型世界帶來變化。另外，在

這兩起記述中，人類觀看者和被觀看的上帝意象之間也有著非常不同的關係。在第二則記述中，他們具有對話關係。我們很難想像使徒約翰會跟寶座上的上帝或跟羔羊對話，更不用說用任何方式指出他們有多完整或不完整。當然，我們不能說做夢者的意識和蛇形女神的意識可以相提並論或在任何方面都與之平等，但這做夢者大膽發言，甚至展現了某種優越，可以評論神迄今為止所詣至的境界。

我們可以大膽假設：面對原型自性的自我意識在過去兩千年裡已取得了相當可觀的地位。榮格的《對等於約伯》就把自我在面對上帝意象時愈發堅定的立場呈現了出來——在此書不少著名的段落裡，榮格就因耶和華缺乏意識而責難祂。

因此，上帝意象是一個能捕捉自性某一重要面向的心靈意象。呈現於意識自我時，上帝意象是個有用的象徵，可作為自我和原型自性之間的橋樑。自我和自性之間的連結——所謂的自我／自性軸線——基本上就是由上帝意象構成的。了解這點對於宗教心理學和個人心理治療都極為重要。人需要並利用上帝意象去與自性建立關係，因此宗教生活中的祈禱和靜思等行為都具有深刻的心理意義。榮格採行的積極想像（active imagination）[8] 就與傳統的祈禱具有相等功能。這解釋了人為何如此依戀自己的上帝意象而難以割捨。如果與自性沒有連結，人會感到空虛、失落和恐懼——現代人的惘惘心理就是由這些構成的。

8　譯註：是指透過隨興之舞蹈、繪畫、寫作、雕刻、音樂等行為將個人無意識中某些內容傳達出來、藉以轉化意識的方法。

【第四章】　象徵之道

　　我的家庭醫師曾憤怒地向我抱怨說，他有許多十分健康的病人會彎著腰、一副痛苦模樣來向他訴說自己有病。他甩起雙手、莫可奈何地說：「他們瘋了！一點毛病都沒有，但他們就是沒法跟自己的健康相處！相反的，有些病人覺得自己健康得不得了，我卻必須對他們說：由於才發現的淋巴瘤，他們還有六個月可以活。我真想把健康的那些人送到月球去！他們是瘋子！」

　　他的抱怨讓我想起榮格發表於耶魯大學泰瑞講座（Terry Lectures）的演講論文集《心理學與宗教》（Jung, 1936/1969）開頭的幾頁。他對聽眾談論精神官能症對病人生活的影響，並舉了一個例子。某人想像自己得了癌症，但無法具體證明他體內有癌細胞。他於是自覺瘋了，因而向榮格這位精神病醫師求教：「幫助我，醫生！我胡思亂想得快死掉了，但我就是改不了！」榮格要怎麼處理這想像出來的癌症？

　　我告訴他，他最好認真看待自己的偏執、不要斥之為病態的無理取鬧。但認真看待的意思是：承認它並視它為一份診斷書，其中寫明問題正以腫瘤生長的方式出現在真實存在的心靈中。他必然會問：「但那是什麼樣的腫瘤？」我會答說「我不知道」，而且我確實不知道。雖然……那一定是無意識補償或互補作用所形成的東西，但

它確切的性質和它的內容仍不為人所知。它是無意識的自然呈現，以不存在於意識中的材料為內容⋯⋯然後我告訴他⋯⋯他所做的夢可以提供必要的資訊。我們將視這些夢是他個人內在某個具有智慧、抱著某種目的的東西所發動的⋯⋯病徵是從地面冒出的枝條，但地面下延伸的根莖才是植物主體。根莖代表精神官能症的內容，是各種情結、病徵、和夢的母體。我們有充分理由相信夢是心靈地下過程的精確映照。如果能去到那裡，我們就真如慣用語所說可以找到「病根」[1]。（Jung, 1936/1969；段35-37）

這裡的重點是：心靈病徵——健康者自認體內有腫瘤的幻覺——是種象徵，可作為一個接觸點，讓人在此接觸到無意識中的情結、正進行之事、未解的衝突、甚至原型意象。就像未經阻遏的體內癌細胞會吞沒生命體的活力，心靈癌症也會耗盡個人的心靈能量、造成無望的困滯和悲慘的精神官能症。反過來說，它也可能是上帝意象的偽裝；它的出現可能帶來重大的意識轉化。象徵是體現更大完整性的工具，也是通往自性的橋樑。

象徵是體現更大完整性的工具

象徵也許和譬喻很相像，但它在深度和靈性意義上都勝過後者。在某種意義上，由於借用與身體有關的文字（癌、疾病）來

1　譯註：原文"get at the roots of"為英文慣用語，意為找到或了解問題的原因。

表示心靈疾病（精神官能症），作為象徵的病徵看來像是譬喻。詩人在使用譬喻時就是用語言把某一範疇的事物轉移到另一範疇中。因此，在上述例子裡，心靈似乎借用了詩人的手法，確信不疑地說「我得了癌症」。事實上，如果更實際點而少些詩情的話，它應該說「我很絕望」、「我的慾力（libido）之源已經枯竭了，我沒活力」，或者「我的內心衝突讓我看不到希望，正在活生生吃掉我！」但病人不能這麼說，卻只能說：「我相信我得了癌症；我怎麼也趕不走這沒理性的想法！」他並不想做詩人，也不曾有意識或主動地選擇這譬喻；是它選擇了他，而他沒有能力打發它和詮釋它。

然而，象徵和譬喻之間雖有關連性，它們並不相同。再怎麼牽強的譬喻都停留在理性和可理解的範疇內。如果詩人說橋在「跳躍」、是一座祭壇和一把豎琴——如美國詩人哈特‧克蘭（Hart Crane）在其名詩〈布魯克林橋〉中所為——讀者還是能明白他在利用這些意象溝通時想說什麼。如果知道布魯克林橋的模樣，我們立刻就能了解「跳躍」、「祭壇」和「豎琴」這些巧妙的詩意象不僅非常吻合這座宏偉的橋，而且傳達了詩人的心眼所見及其感覺。我們可以分享詩人的眼見和思想，並欣賞他精確的意象和熟巧的譬喻功夫。但如果有人說「我相信我體內有惡性腫瘤，卻苦無證據——這代表什麼？」，我們必須像榮格一樣承認：那錯誤而偏執的想法並不具有清晰意義。即使它有可能指示一條思路、讓人找到可能的解釋，它還是象徵了某種基本上屬於未知或至少在目前無法被人了解的東西。精準的了解必須依許多變數而定，而其中大多數是說者和聽者的意識無法知覺到的。一個完整詮釋所需的說明會比一個單純譬喻所需的深入多了。以下

是榮格給象徵所下的定義：

> ……一個相對來講仍屬未知、因而無法透過文字等形式獲得更清楚呈現或被挖出更多性質的東西，它可能擁有的最好表達形式就是象徵[2]……只要象徵還是活的，就沒有比它更好的其他方式可以表達某問題的性質。只要它仍像孕婦一樣裏藏意義，它就是活的。但一旦意義脫離它而生出，一旦那被尋索、被預期或被直覺預見的問題找到了更好的表達形式，那麼迄今為人所接受的象徵便告壽終正寢——也就是說，它只剩下歷史意義……用來代表已知事物的表達形式永遠只是符號，絕非象徵。（Jung, 1921/1971；段815-817）

在另一段文字裡，他為象徵提出了下面這簡明的定義：「象徵不同於裝飾一般既知事物的符號——也就是說，它並不是基本驅力和原始意欲的偽裝形式[3]。經由堪稱貼切的類比，它試圖說明仍然全屬未知或仍在成形中的某事」（Jung, 1928/1966；段492）。因此，就全然位於黑暗中、全然未知、全然不在意識內、但同時具有極大心理意義的某件事而言，象徵是個可以將它朦朧示意的類比。

2　譯註：本處原文非完整句子，照實翻譯會造成前後文不通，譯者因此在此採用意譯。

3　譯註：相較於佛洛伊德，榮格認為他所謂的「象徵」（病徵）係源自心靈，而非被壓抑的肉體驅力與需求。

幻想身上有惡性腫瘤的病人在當時無法用其他更好的方式或更正確精準的描述來表達自己的心病。因此他在說話時運用了象徵，只是他絲毫不曾察覺並明瞭「癌」這個象徵對他有何意義。對他而言，那只是個幻想，一個他擺脫不掉的瘋狂念頭。這念頭本身就像癌症，因為它折磨他並一發不可遏抑。醫生也無法確知它的意義。它所掩飾的是個重大、不斷茁長、他不敢想像的念頭？是恐懼、死亡的恐懼？是死亡的願望，因為他擺脫不了某種難堪情境？是某種神靈出沒在他心內？我們只知道象徵正試圖用相似於譬喻的類比來表達什麼，而此刻我們所知的也僅止於此。我們缺了「意之所指」（「甲」意指的是？）。不管病徵所象徵的是童年心理創傷的後遺症、心靈紛爭、人際衝突所生的問題、未得表達且遭阻撓的創造潛能、還是最終出現的什麼意義，我們一旦了解病徵的意指為何，就可把作為象徵的它丟到一旁，並自此以後把它當成譬喻來使用或視之為生命史上的一個標記：「我過去常自以為得了癌症，但後來發現是創傷、童年衝突以及因此導致的缺乏自信（或其他）阻礙了我的慾力，以致我無法管控自己的心靈生命。」一旦我們發現並知覺到其必要的心靈意涵，象徵就變成了符號（甲意指乙）；從此意識就可把它當成譬喻來使用——如果病人選擇舞文弄詩一下的話——而其意之所指將變得清楚可知。心理分析的目的就是要把象徵轉換為符號和譬喻，好讓病人的意識脫離無意識情結的掌控，並使其阻塞的慾力重新流通到活潑、有愛心、有創造力的適意管道中。這會讓自性有機會更完滿地體現於個人生命中。

經歷象徵要比詮釋它重要

然而，一般來講，完整經歷一個象徵要比詮釋它重要多了。詮釋對理性瞭解很有助益，但也可能使象徵中途夭折、無法誕生在意識中並盡失一切能量和許多可能的意義。觸摸到深層感性的象徵能隨著時間逐漸帶來心靈整合。在某些時候，我們從不詮釋象徵，只一年又一年地把它存放在記憶裡，讓它或許能逐漸被理性洞悉到。但在其他時候，比起具有巨大情感衝擊力的象徵，訴諸理性的意義是不足為道的。為了體現自性，我們必須了解：

……象徵以轉化者的角色發揮作用，其功能在把慾力從「層次較低」轉變成「層次較高」的形式。這功能如此重要，以致「感覺」視它最為寶貴。象徵用暗示的方式行事；也就是說，它帶有確信（conviction）[4] 並同時暗示那確信的內容。它所以能這麼做要歸因於內在神靈（numen）、也就是儲存在原型內的特有能量。經歷原型不僅讓人撼動，也會抓住和掌控整個人格……心理治療師的首要職責在於時時用新方式了解象徵，藉以了解病人出於不自覺之補償作用而全力維護的某種心態，因為這心態適足反映其心靈整體狀況。[5]（Jung, 1912/1970；段344-

---

4　譯註：指錯誤但偏執的意念，即妄想。
5　譯註：榮格所說之「心態」（attitude）即指第二章譯註中所述之思考、感覺、感官、直覺四種人格習性。當某一慣用習性不再適用於變化中的內在或外在環境時，精神官能症就有趁機而入的可能。

346）

象徵有能力昇華心靈內容和能量，把作用中的無意識因素轉化為新的形式、組態和關注，因而將能量導入那經常帶來「較高層次」（或更複雜）之動機、活動、心態和意識狀態的管道中。因此，象徵是自性體現的運作者。

象徵出現在人生各種狀況中，但最重要和最常見的出現處是夢境，而我在下一章所稱的「月亮心」即是它現形的對象。「月亮心」比醒覺的「太陽心」缺乏理性，因此較不受文化藩籬的拘限。月亮心也不像太陽心一樣圈地自封。在夢中，我們在心靈四處以及在自性之寬闊空間遊蕩的廣度和自由度，都是我們在醒覺時遠遠比不上的。象徵的夢象特別會出現在人生發展的重要時期，如青春期、中年、退休之齡、以及個人危機時刻。因此，我們尤其需要關注夢境並培養心理學所說之「過象徵生活」的能力。

象徵是自性體現的半途階段，介於全然無覺和有意識的整合之間。象徵的內蘊意義正從原型之核心自性的深處移往意識自我；在它冒出的這個階段，它所呈現的意象或故事尚需假借更多能量才能被意識全然察覺而完成個體化。在這移往意識領悟的過程中，詮釋常是必要之助力，但也可能造成誤導和破壞。當心靈內容正試圖移往意識之際，錯誤的詮釋會因扭曲或誤解這內容而傷害靈魂。榮格在他精采動人的論文〈兒童原型之心理學探討〉（The Psychology of the Child Archetype）中就這麼說：「……無論解釋或詮釋做了什麼，我們對自己的靈魂也照做不誤，並對自己的福祉造成相同效果。」（Jung, 1940/1969；段27）

【第五章】 關注月亮心

　　我們要進一步思考個人如何透過實際作為來關注自性。這是一部心靈巨著的創造工程，需要花上一輩子時間才可告成。一般來講，個體化——亦即體現自性——主要透過兩種動作發生於人的一生之中：分離和整合。我曾在《英雄之旅：個體化原則概論》（Stein 2006）一書中對此做過比較充份的討論。在人的一生中，分離和整合兩者都不斷在生命不同階段發生。小孩在年幼時跟母親分離，之後也跟原生家庭分離並以成人個體獨立生活。同時在內心層次上，自我也從無意識心靈的深淵升起，並逐漸脫離無意識環境而在自我意識和無意識間設下界限。在稍後的心理發展階段，個人又脫離社會和文化的影響力而在自我身分和心態上變得更具個人特色。個人自此在某種程度上獲致獨特性，帶有他／她所擇取的特定心態、偏好、品味和特點。這人會是我們所認識的朋友或夥伴，全然獨特、無可取代、並具有與他人不同的自我身分與個性；他／她擁有自己的特色和人格特質。

　　於此同時，在這追求獨特性的分離過程中，自性的許多面向被忽略擱置或未得到充分發展。蘊藏在自性中的人格潛能有好多面向將永遠無法得見天日，以致將始終只是純粹的潛能。這些面向最早會自發地以具有象徵意義的夢中人事物出現在意識內，或經由心理投射表現出來。於是乎陰影和阿尼姆斯／阿妮瑪終來造訪我們，要求或命令我們承認它們的存在。心靈引出它們的目的

是要把它們整合到意識人格中。一旦達此目的，這些新出現的自性面向將促成自我身分和自我感覺的修正。這是個體化的第二種動作，也就是整合的動作。兩種動作都是自性之完滿體現所不可或缺的。第一種建立自我並賦予意識之我清楚輪廓。第二種找出越來越多的人格潛能，用以成就更完滿的自性體現。

能理解象徵的月亮心

要完成整合或更完滿地體現自性——這工作通常在人生下半段才會積極展開——我們必須運用人心的某一部分和某種我將稱為「月亮心」的思考方法。這不是分析式思考，而是想像式思考；它是詩人和藝術家慣用的思考方法，而我們大家也會在做迅速決定或追隨某種直覺時不自覺動用到它。它是體現自性所需的重要資源，因為它能理解象徵並與之合作。分析式思考在面對象徵時會手足無措和滿臉惶然，並常試圖用劃分、再劃分、切成碎片的方式來理解象徵，但這實際上卻傷害或摧毀了這些象徵，而無法將它們的隱義提供給意識以完成整合。從文化角度來看，我們要對詩人和藝術家致以無限感激，因為是他們把象徵注入文化而將之整合到集體意識內的。在個人層次上，我們每個人都有必要成為促成自性完滿體現的藝術家。

榮格曾在文章內直接以方向型思考（directed thinking）和異想型思考（fantasy thinking）之名稱來討論這兩種思考方式（Jung, 1912/1970；段4-46）。他心中所想的應是我們今天在左腦分析思考和右腦想像思考之間所見的差異。在他的時代，他無從得知神經科學將證實人的大腦確實可容納這兩種不同的心智運作法，

亦即大腦具有兩個承擔不同工作的腦半球。而今我們對於睡眠／做夢時的大腦也獲得了不少了解：此時的大腦會表現出想像和聯想式的思考過程，類似右腦活躍時所為，但此時遍佈神經元的化學元素與清醒時大腦神經元內的化學元素有所不同。清醒時的右腦思考和睡眠時的做夢思維在性質上多有重疊處，因此兩者應有關連。當異想型思考在較渙散的意識狀態中自行發生、不招自來時，兩者的關連尤為清楚。

在討論這兩種不同思考方式後過了幾年，榮格決定用心投入異想型思考，並由此取得他極具原創力和想像力之作《紅書》（Jung 2009）的基本素材。他在書中廣泛討論「時代性靈」（the Spirit of the Times）和「深處性靈」（the Spirit of the Depths）之間的差別。前者尋求適應個人身外的社會及文化環境，並專注在現實與生存議題上，後者則連結於靈性和本能議題。兩者間的差異與方向型思考和異想型思考之間的差異非常類似。我們發現榮格在《紅書》中結合了這兩種思考而同時運用它們。他用其中一種從事積極想像，而用另一種去認知從想像得來的意象，以便詮釋及了解它們。他也把夢境畫出來，並將它們織進他用想像創作的敘述中。他希望藉此在這兩種思考間搭起橋樑而把它們結合起來，並稱這座橋樑為「超越功能」（transcendent function, Jung, 1916/1969）。

在使用「月亮心」這名詞時，我指的是下列二者的結合：（一）在睡時運作而夢見我們的思心；（二）以意象和故事進行積極想像和思考的右腦活動（它可能是發揮大半作用者）。

做夢的心就像醒時的想像思維，比分析和思索的心更富於情感和意象。月亮心披著情感色彩工作，創造出以聯想、深沉記

　　　　　　　　　　　　　　　　　　　靈性之旅

憶以及無意識之各式原型為素材的場景和故事。它幾乎不帶任何清醒時之意識生活所運用的分析及理性思維（在榮格的早期作品中，他提到現代文化中的一個典型偏見：喜愛分析思維而視想像或異想思維為次要且不合科學）。月亮心也用不到線型思路，因為陳述性記憶（declarative memory）[1]——也就是意識可迅速取得的記憶——已被證明在夢中功能大減。但月亮心並非沒有作為，反而忙著進行許多直接或間接對我們有益、甚至能確保我們存活的大事。對睡夢中大腦可說是做過最廣泛研究的神經科學家霍布森（J. Allan Hobson）有如下的結論：

> 我們的夢都與情感有關，並如心理學家所說具有「過度聯想」（hyper-associative）的特性，因為我們的大腦彼時受到膽鹼性、而非胺屬化學元素的刺激啟動。我們因此恢復了認知能力的最基本面向——也就是給記憶安排優先順序以確保生存的一種能力。記憶的通則之一，就是被記憶的事物需具有情感特色或情感相關性。情感記憶攸關我們的生存，也關乎我們如何取得做為社會一份子所必備的正確資訊。我們最需要的資訊就是何時靠近、何時擇偶、何時害怕、何時尋求掩護。我們在一生中每晚透過睡眠來啟動大腦以重溫這些技巧，但於此同時並未用到陳述性記憶

1　譯註：是兩種長期記憶之一，指意識所記起之過往經驗與資訊，亦稱「顯性記憶」（explicit memory）或「事實記憶」（fact memory）。與其相對的另一種長期記憶，乃指無需意識作用即能為人運用的「隱性記憶」（implicit memory），如肢體技能、生活習慣等。

（意識可迅速取得之記憶）的種種細節。就跟體內溫度調節或疾病感染之免疫力一樣，我們逃跑、對抗、吃食和交媾的各項本能對於我們的生存和繁衍至為重要。（Hobson, 2002；頁88）

做夢的心比醒覺的心更接近原型和本能。月亮心也是如此。

再且，做夢的心有自主能力，不受清醒時自我的諸般控制。夢中之「我」是夢中戲劇的角色之一，而非中央主控者。在一般清醒時的意識中，自我則佔有頗為不同的地位，通常位居中央。在與月亮意識不同的所謂太陽意識中，自我是意識的中心點，並握住控制槓桿。當然，這在相當程度上只是幻覺，因為自我在特定情況下所做的決定往往受到背後各種情結的強大影響。太陽意識通常具有確定目標、擅於分析並可立即取得可言表之記憶。它能透過方向型的邏輯思考──而非聯想、譬喻及意象──來行事。太陽世界中的自我能訂定並執行計畫，因為它控制了運動神經系統而能指使它執行命令。月亮心內的自我則受其他心靈力量的牽引，看來不是那麼能控制它們。右腦的異想型思考也是如此，就像小說家們常宣稱他們所虛擬的角色到了某一階段就會開始自行其事。相較於小說家，夢中自我才更常覺得無奈和無助。

在煉金術中，太陽和月亮是兄妹。就深度心理學而言，太陽心和月亮心是一體的，是完整心靈的兩個面向。

太陽心與月亮心是完整心靈的兩個面向

分析師提到自己的臨床經驗時所說的「互動場域」（inter-

靈性之旅

personal field）[2] 僅有一部分受到太陽意識的控制。這互動場域也任性地喜歡受到月亮心怪異想法的影響，而月亮心就是逸想狀態中那顆深思和容納的心。互動場域常像夢境一樣漲落起伏、用聯想方式而非理性思考前進、愛玩譬喻遊戲、接納無意識和其中冒出的現象。當夢介入這場域時，這尤其為真。夢有傳染力，是以能夠引進一個具有巨大能量和說服力的月亮場域，讓一節治療中的兩人都深受感染。發生這事的時候，治療師會不知道到底是誰在控制那突然出現於諮商室中而展開的過程。

我在文獻中讀到之有關夢的科學研究至今無一能宣稱誰或什麼創造了夢。誰是夢的創造者？榮格在《紅書》中的一節寫道：「我醒來。東方天空轉紅。夜晚、那遠遠位於時間海洋中的美妙夜晚躺在我背後。我是在什麼樣遙遠的空間裡？我夢見了什麼？[3]（Was träumte mir? Jung, 2009；頁270）。照字面翻譯的話，這裡德文原文說的是「誰夢見了我？」這更接近榮格視自性而非自我為夢之創造者的觀念。根據榮格的理論，夢彌補了醒覺意識的不足，其目的在創造更完整的意識。他所說的彌補不是指對立，而是指一種動向；在彌補空洞，或把潛藏於自性中、但為意識所缺少的一個面向加添進來之際，這動向可以克服執著之太陽意識所必然導致的偏頗。

2　譯註：臨床經驗中的互動場域係指心理分析師與病人之間互相牽動的情狀。身為參與者的分析師必須有能力客觀分析自身在此場域的角色，但實際上這角色的形成和內容往往超出分析者自己的意識範疇。

3　譯註：本處照作者所引之英文 What did I dream? 翻譯。作者隨後補上榮格原著中的德文 Was träumte mir? 以示英文翻譯與德文原文的差異。

在榮格派的心理分析中，我們之所以花許多時間思考夢的意義，是因為夢能告訴我們非常重要的事情。這種思考當然來自全然醒覺的太陽意識。但當我們聽病人述說夢境時，我們常會進入一種月亮遐想中、一種更願接受來自性之象徵訊息的心態。榮格在蘇黎士對一般聽眾演講時曾解釋說：「關注夢是思考我們自己或省思自性（self-reflection）的一種方法。並不是意識自我在思考它自己，而是它把注意力轉移到客觀實存的夢那裡，視之為人類集體無意識靈魂與我們溝通時的來訊。它思考的不是自我，而是自性。它憶起那陌生、不為自我所熟悉、但從天地之始即為我們所有的自性──自我就是從它的樹幹長出來的。自性不為我們所熟悉的原因是：由於意識所犯下的偏差，我們讓自己遠離了它。」（Jung, 1933/1964；段318）因此，思考夢可以讓我們獲得最寬廣的可能視角，用它來觀察我們的個人生命和思考個人生命在歷史與人類集體心靈範疇中的意義。月亮心把我們連結到生命最深和最高的層次。讓月亮心接觸太陽心可以幫助我們把醒覺的意識重新連結到它位於自性中的源頭，甚至連結到那遠遠超越心理自性的萬有本體。

再且，無意識針對意識所採取的彌補行動具有長遠目的。在個體化過程中，我們會越來越明白：並非只有太陽心才能計畫、預想、和思考未來；月亮心也能這麼做，但視角不同，目的也不一樣。月亮心的前瞻功能對意識所做出的貢獻是太陽心做不到的。在心靈努力求取更完整的意識和體現之時，做夢的心從旁協助完成這過程。月亮心懂得太陽心不懂或不完全懂的事，用深具情感、戲劇性和多采多姿的方式讓這些事物透過夢、幻想和異象顯現出來。夢的創造者完全能滿足我們當下的個體化需求。

靈性之旅

在思考月亮心的時候——無論它是清醒時的積極想像或睡眠時的夢心——我們必須記得自己思考的對象是心靈，不是大腦。我們主要關心的也不是形上學或心靈哲學（metapsycology）理論。我們的核心關切是情感及想像層次上的自我身分、相屬關係和意義等議題。自性的體現發生於心靈範疇內。榮格遠在神經科學萌芽前就預告說：「心靈本身就是一個現象世界；我們不能把它簡化成大腦或形上學。」（Jung, 1955/1963；段667）這並不是說關於夢的腦科學研究無關緊要，也不是說形上學、神學和心靈哲學不重要。但事實上，當我們在現實生活中從事自性體現時，這一切都會退居幕後。

【第六章】 **指向超越**

在一九四五年八月二十日寫給柏西佛‧威廉‧馬丁（Percival William Martin）[1] 的信中，榮格證實靈啟經驗是他生命和著作的中心主題：

> 我知道，明確描述心理狀態之演進是件極困難的事。在我看來，真正的里程碑似乎總是某些具有情感色彩的象徵事件。你說的很對，我作品真正關注的不是治療精神官能症，而是如何走入靈性（the numinous）。事實上，走入靈性才是真正的治療；只要獲得靈啟經驗，人就能掙脫病症的詛咒，甚至連疾病本身都會沾上靈性。（Jung, 1973；頁377）

如果我們接受這經典的榮格觀點，認為唯一能真正治療精神官能症的方法是透過個體化的過程逐漸擺脫它，那麼以這模式為基礎的治療法似乎就必須包括「走入靈性」這部分。個體化過程——或我所說的自性體現——無不具有靈性經歷的特色。

---

1 譯註：柏西佛‧威廉‧馬丁（1893-?）為英國作家，著有*Experiment in Depth : A Study of the Work of Jung, Eliot and Toynbee*（1953）等作品。亦曾創立國際應用心理學研究中心（International Study Centre of Applied Psychology）。

問題是：我們要如何對待並利用這類重要經歷？它們對個體化全部過程有何貢獻？要回答這些問題，我們可以先思考一下靈啟經驗如何——如榮格在上信中所說——把人從病症詛咒中釋放出來。大致說來，「走入靈性」在人眼中是宗教信仰者的作為，是一場朝聖之旅。榮格口中的「獲得靈啟經驗」乃指近乎神祕、足可讓人相信生命具有意義的宗教經驗。靈啟經驗搭起令人信服的連結，讓人與遠在個人心靈和靈魂以外的超越者、存有之本（Ground of Being）、神連結起來，因而極可能讓人終於覺得自己的品格缺憾——如各種痼癮或行為偏差——相較於神祕經驗中的崇高異象實在不足為取。事後回想起來，精神官能症甚至會被認為是教人走上靈性追求之路的煽動者，或甚至是一條似非實是、能把人引進「超越」的門徑——這就足以讓疾病本身也具有意義起來。事實上，要讓一個人產生強烈動機以開始踏上靈性追求之路，在某種程度上嚐受精神官能症之苦也許是必要的。在這種情況下，即使靈啟經驗不能矯治病症本身（雖然它很有可能導致這結果），它仍可以改變「病症是詛咒」的感覺。

　　然而，對熟悉心理學的現代人而言，這種靈性覺醒可能只意謂問題暫得紓緩，並不能最終解決精神官能症的深層結構問題。這些習於求助心理分析甚於靈性引導的現代人認為，單有靈性覺悟是不夠的：靈啟經驗之取得何以能促成那效果更深遠的心理工程——亦即個體化？這可是一個更為複雜的問題。

靈啟經驗是一個「示意」

　　自性體現意指經歷完整生命並實現自性的固有潛能。靈性追

求和靈啟經驗之獲得可能是個體化道路的一部分，但單靠這兩者並不足以建立——更不用說完成——個體化過程。它們也許能大大改變心態和個性，如大數城（Tarsus）的掃羅[2]在前往大馬士革途中所經歷到的轉性就深遠改變了他一生的路向。但甚至在保羅身上，往大馬士革路途中的靈啟經驗只是他進一步成長的開始。在全然體現自性之前，他還需經歷更多事情和整合更多心靈面向。我們在他寫給教會弟兄的眾書信中就能清楚看到他在個體化道路上更進一步遭遇到的心理掙扎。

　　一般而言，靈啟經驗是存有之本的一個「示意」。存有之本遠在我們有限心靈外，但藉由月亮心從心靈滲入意識中。它示意說：在心靈內以及心靈外遠處存在著更大、非同自我的各種力量；我們有必要思索這些力量並使之最終和意識發生關係。靈啟經驗是無意識意象及過程透過月亮心顯現的一種奇特方式。像夢一樣，它為意識帶來所需的彌補。

　　由於榮格視靈啟經驗對個體化具有重要意義，了解這名詞的由來可讓我們更明白它。德國神學家魯道夫・奧圖 （Rudolph Otto, 1869-1937） 為其名著《論神聖》（*Das Heilige*）——有些不幸地，英文譯者將書名譯為（*The Idea of the Holy*）——新創了numinosum這名詞以及以它為字根的numinous和numinosity兩字，目的在描述與其他神學和哲學／倫理學概念——如「善」——有別的「神聖」概念。他寫道：「為這目的，我借用拉丁字numen造了另一個字。Omen[3]曾為我們帶來ominous一字，因此

2　譯註：即使徒保羅（天主教譯為聖徒保祿）。
3　譯註：Omen為「預兆」之意。

我們沒理由不能從numen 照樣造出numinous這個字」（Rudolf
Otto, 1917/1950；頁6-7）。奧圖想進一步描述人類體會到的「神
聖」（the Holy），而非神學所謂的「聖潔」（holiness）。他
的著作把心理和情感成分大量納入了宗教研究，與比較宗教學、
宗教歷史學、尤其神學所使用的方法大相逕庭。一般來講，神學
幾乎只為已被接受的教義說話，並為傳統教誨和經文（即「上
帝的啟示」）提出理性的（即架構井然、成系統之言的）闡述。
相反地，奧圖試圖說明宗教經驗的本質，並證明非理性在宗教
中的根本重要性，因而他著作的副題是〈論「神聖」觀念中的
非理性因素及其與理性的關係〉（ 德文"Über das Irrationale in
der Idee des Göttlichen und sein Verhältnis zum Rationalen"；英
文"On the Irrational in the Idea of the Divine and its Relation to
the Rational"）。雖沒提出論證要人全然丟棄神學的理性（Otto,
1917/1950；頁1-4），奧圖卻具說服力地把宗教經驗中的非理
性特質、尤其其中隱含的強烈情感內容闡明出來。在他看來，當
「神聖」以意象、儀式或聲音的形式與人相遇時，我們只能用
「引起無限畏懼但令人神魂顛倒的神祕」（*mysterium tremendum et
fascinans*, 英文為"an awe-full and fascinating mystery"）一詞來準確
描述這經驗。在闡述靈啟經驗時，他以一絲不苟而深入的方式解
釋這詞語。對他而言，面對「神聖」時， 人會被所遇見之具有大
能、壯闊而令人驚懼的「他者」（the Other）震撼到肌骨慄然。
他用「顫慄」、「失神落魄」、「驚愕」、以及「驚奇茫然」來
描述這經歷。曾研究世上各種神祕主義的他也認為，這就是佛教
神祕主義者所體驗到的「空」（Otto, 1917/1950；頁30）。這種
宗教共通的虔敬剎那就是人對滿載情感之月亮心的一場體驗。反

過來說，神學最看重的則是太陽心的深思苦索。

我們並不十分清楚奧圖何以會相信靈啟經驗為宗教的核心價值。是早年師長和神職人員的影響？是他深入研究之哲學家——如康德和福力思（Fries）[4]——的影響？還是某些基督教神學家——如同樣強調感覺在宗教生活及教誨中之重心地位的舒來爾馬赫（Schleiermacher）[5]——的影響？抑或出自他自己的「神聖」體驗（Alles, 1996；頁62-63）？無論原因為何，靈啟經驗的力量緊緊扣住他的注意力，讓他著迷不已。在他的旅行家書裡，他敘述了兩起令人難忘的事件——有些學者認為這些事件是造成他極度重視靈性體驗的決定因素。在生動描述他所說的「靈啟經驗」（Alles, 1996；頁80-81、94-95）之際，他提到他後來在《論神聖》一書中加以分析的宗教顫慄和強烈情感反應。可以確定的是，這種難忘的經歷至少為他那本充滿個人信念、討論靈性經歷的著作提供了重要的經驗基礎。奧圖在非自己所屬的宗教傳統中（一是猶太教、一是印度教）所經歷到的這兩件深刻體驗讓他深信一切宗教都建立在這種強烈的「神聖」感受上。

位於一切宗教廟宇和大教堂底部、支撐其典禮儀式和神聖經文的靈性根基是由靈啟經驗構成的，因而具有心理性質。在奧圖看來，這就是世上一切宗教共有的基石：「宗教從一開始就在體

4　譯註：福力思（Jakob Friedrich Fries, 1773-1843）是康德追隨者之一，曾試圖把「直觀」引進康德哲學中，並強調能夠感知大自然和人性中之神性的「預感」（presentiment）優於理性認知能力。

5　譯註：舒來爾馬赫（Friedrich Schleiermacher, 1768-1834）被稱為「現代神學之父」和「現代《聖經》詮釋學之父」，認為宗教中的虔敬感覺乃出自對無限宇宙的直觀和冥想，並非建立在遵從教條的行為上。

驗從感覺生命之深處迸發的『神祕』……感覺乃指對感官外世界的知覺」（Alles, 1996；頁52；註44）。奧圖認為體驗「神祕」為宗教基礎的看法和榮格的觀點完全相合。榮格說：「上帝之觀念源自靈啟經驗、即一種使人在剎那間覺得被征服的心靈經歷。魯道夫・奧圖在《宗教心理學》（*Psychology of Religion*）中將這樣的時刻標明為靈啟狀態（the numinosum）。此字源自拉丁文中意為暗示、訊號的numen」（Jung, 1988；頁1038）。

宗教經驗的普遍性是「宗教本能」的存在證明

　　身為世界宗教學者的奧圖看出靈啟經驗為世人普遍共有。人類自遠古以來就知道奧圖在其定義中所說之「對感官外世界的知覺」。這是所有宗教——無論高低遠近——本乎實際體驗所取得的基礎。在這方面，一切宗教都是平等的。由於能體會一切宗教經驗的平等價值，奧圖得以掙脫他所屬正統路德教派的圍限，並因此能與其他宗教社會的成員展開積極熱烈的對話，創立「人性的宗教聯盟」（Religious League of Humanity），並倡議成立「由各宗教官方代表組成的」（Alles, 1996；頁147）世界宗教議會。但他卻因這種自由開放的態度在老家德國付出高昂的代價：他在任教的馬柏格大學（University of Marburg）遭到信奉新正統基督

6　譯註：新正統基督教（neo-orthodox Christianity）興起於第一次世界大戰後，所挑戰的是十八世紀啟蒙運動後盛行於西方新教世界之仰賴理性、以人為本的自由主義神學思想，回歸到宗教改革時代的傳統神學語彙（如三位一體、創世主、原罪、墮落、以救世主耶穌基督為信仰中心等），但並不全然相信《聖經》為神啟之作。

教[6] 的學生以及各派神學家的嚴厲批評、甚至譏笑辱罵。但他志在推動一種視野，讓人能了解宗教經驗是普世現象。對榮格來講，宗教經驗的普遍性就是「宗教本能」的存在證明；它與其他本能及心理衝力結合後便能促使個人邁向自性之體現。

榮格對於療癒和個體化之心理過程的關注與奧圖所聚焦的重點並不相同——後者只關注生命的宗教面向和人如何崇敬「神聖」。榮格則相反地把神聖體驗視為心理鍛鍊的艱鉅過程。[7] 像其他狂熱行為一樣，狂熱追求靈性容易過分側重情感而忽略自性的其他面向。個體化與神祕主義的不同處就在於：前者追求的目標不是要人消失融入神祕境界，而是要把自性固有的兩極面向鎔鑄成單一意象，以整合到意識中。

榮格在他情感四射的神學名著《對等於約伯》中大叫說：「太奇怪了，大多數人幾乎都不思考靈性事物，也不接受它們的存在。而且，一旦思考起來，我們也會馬上發現這種努力異常辛苦。這些事物的靈性本質使智性很難處置它們，因為其中總夾雜了我們的情感」（Jung, 1954/1969；段735）。這種經驗中的整合工作可說困難重重，但對於自性完全體現的巨大工程而言至為必要。

在榮格的析論中，《聖經》中上帝意象的兩極對立（善惡、陰陽）在《約伯記》和後來的《啟示錄》中達到高潮，然後傳到企圖用「神祕合體」方式化解對立的猶太祕法家（Cabalists）及煉金術士手中，最後則傳到視個體化歷程為心靈巨作的心理學之手。

7　譯註：此段是作者以前所寫論文某段的簡縮，理路有些紊亂而致意義不清。譯者在此參考原論文，盡量試圖彌補空隙，因而與本書原文略有差異。原文此句中之 "opus" 一字亦可做"magnum opus"，原指艱鉅的煉金術過程。

【第七章】 開啟超越功能

　　當一個人與具有生命力的象徵深入打交道時，奇異而不可思議的事情就會發生。二十世紀偉大的基督教神學家卡爾·巴特在致朋友的一封信中寫到，當他正全神貫注於聖三位一體的研究、試圖將這象徵作為他的套書《基督教教義學》（*Church Dogmatics*）的中心思想時，他經歷了一件讓他頓失平靜的事：「在過去整個星期裡，我一再思索下面這事怎麼可能，卻苦思而不得其解。最近我突然在半夜醒來，原因是我在生動的夢中夢見上帝自示於人時擁有的絕對自主性——絕對到令人極度惱火。這自主性真的（不幸的是，它也披著實體形式！）朝我走來。就在這時，風突然吹開了房門，窗子隨即砰然關上（這是真的），關乎教義的夢就這樣神奇地與碰撞聲同時發生了」（Schildmann, 1991/2006；頁171）[1]。身為柏林榮格心理分析師、同時也是致力研究巴特作品與其夢境之相關性的學者席德曼（Schildmann）評論說：「他在古老神祕之教義文字上所做的『鬱鬱』思索、他具有靈啟作用的夢以及與夢同時出現的聲音、還有他覺得必須順從自己天性之驅使——這一切都證實了榮格的看法：三位一體形式的個體化過程（Trinitarian developmental

---

1　譯註：本段引自德文作品，作者自註英譯是他所為。由於引用文字沒有上下文，以致意義不清，譯者因此參考德文原文而譯成中文，跟作者的英文有些出入。

process）[2] 跟『改變命運的轉化』（fateful transformations）有關，而這『在多數情況下都具有靈性特質』」（Schildmann, 1991/2006；頁181）。巴特在深刻思索一個宗教象徵的同時，也在他的經驗世界裡遇到靈啟和共時事件。做夢的月亮心與外在世界結合，創造了一個超越時刻。在這經歷中，心與物（subjectivity and objectivity）在富有意義的情況下巧遇，並指向隱於表象背後的原型。

現代和後現代人極可能把這「共時經歷」（synchronistic experience）的想法一筆抹煞，視之為短暫擁抱舊文化之心情的產物。但大衛‧泰西（David Tacey）在他一針見血的論文〈在現代之末想像超越〉（Imagining Transcendence at the End of Modernity）中寫道：「（在後現代時期）重回宗教懷抱並非以反動心態重新肯定宗教真理和教義」，而是「在實證科學瓦解、無人再相信一神教及絕對真理後重新與神聖建立關係」（Tacey, 2008；頁65）。所以，我們現在可能正接近現代的轉捩點，要為前所未見及全然不同的靈性與心態騰出空間。

但問題是：我們要如何把超越經驗帶進體現自性的個體化過程中？這類經驗會發揮什麼影響力？

靈啟經歷的三個界面點

和卡爾‧巴特同樣在瑞士巴瑟城（Basel）長大、並幾可算

2　譯註：個體化三要素指無意識、自我和兩者間之軸線關係。

是同輩的榮格也報告了幾起相當類似那位基督教神學家的靈啟經歷，其中每起都具有三個界面點：（一）以意識專注於某一原型意象（意識點），（二）夢或異象（無意識點），以及（三）相應的外在現象（外在事物點）（見圖7.1）。

這三個界面點把相關事物結合成一體，然後把這互連形式牢繫在當事人的當下生命中。當事人接著就要負起利用這經歷以體現自性的責任。

在一起共時經歷中，榮格正在費心思考基督意象。他在《榮格自傳：回憶·夢·省思》中寫道：「一九三九年我開了一門專題討論課，討論聖依納爵·羅耀拉（Ignatius Loyola）的《靈性操練》（*Spiritual Exercises*）這本書。有天晚上，我醒來發現床腳邊有個浸在亮光中的十字架耶穌像；它並不如實物那麼大，但形狀清

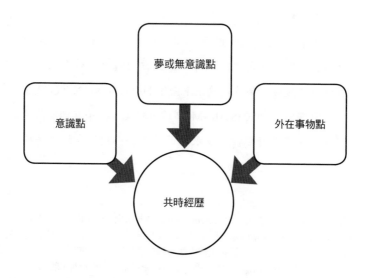

圖7.1　三個界面點

晰，而且我發現他的身體是用微綠黃金打造的。這夢象極神奇美麗，但我嚇得發抖」（Jung, 1963a；頁210）。就像卡爾·巴特的經歷一樣，一個無意識意象在人全神貫注於某宗教象徵時就從三方匯聚成形。

　　榮格在自傳中又報告了不少其他夢境，都跟他持續關注基督教意象——主要是魚的意象——有關。在夢見綠色的基督意象後，他繼續在論天主教彌撒（Jung, 1941/1969）和三位一體（Jung, 1942/1969）的論文中討論基督教象徵及其主題，也另在他的巨著《基督教時代》（*Aion*, Jung, 1950/1968）[3] 中探討象徵自性的基督。在一九四九年，也就是夢見基督在床腳現形後的第十年，當他再度投入「基督為自性象徵」的研究、並探討過去兩千年裡的基督教傳統以及這傳統與占星學所說的雙魚座時代[4]（因此他自然也探討了魚意象的意義）有何關係時，他在日記中寫道：

　　　　我在一九四九年四月一日做了如下記載：「今天是星期五。我們午餐吃魚。有人偶然提到愚人節時在人背上貼紙魚的風俗。早晨我曾記下EST HOMO NON TOTUS, MEDIUS SED PISCIS AB IMO[5] 這句刻文。下午有個以前的病人——我已好幾個月沒跟她見面了——把她在這段時間

3　譯註：希臘字 Aion 在英文中為 Aeon，一般譯為永世，但榮格的用法應跟他研究 Gnosticism 有關。諾斯底靈知教派用 Aeons 稱呼永恆上帝流露所生的靈性存有。

4　譯註：西洋星象學按十二個星座把人類發展史劃分為十二個時代（ages），每個時代再分為十二個紀元（eras）。第一個時代屬巨蟹座，始於西元前8640年。現今世界屬於雙魚座時代，始於西元0年，將終於2160年，是人類開始尋求宗教、異象、和夢境的時代，也是人類信仰幻滅、缺乏方向的時代。

畫的一些極美麗的魚圖拿給我看。傍晚時有人讓我看一件繡有魚形海怪的刺繡作品。」四月二日的早上，另一個我好多年沒見的病人告訴我：她在夢中站在湖畔，有條大魚朝她直游過來並在她腳邊上岸。我那段時間正在研究魚這個象徵符號的歷史。（Jung, 1952/1969；段826）

這些事物即構成了第三個界面點。

實際上，這些事物藏了一個隱而未現、但能打開窗子讓我們面向超越的「第四」元素。這第三個界面點的內容值得我們更仔細探討一下。它們屬於心靈以外的世界，因而能把個我主體（subjectivity）以外或超越它的一個元素引進共時經歷中。另兩個界面點——有意識的思想和關注，以及夢象和異象——皆出自於心，具有心靈性質。第一個界面點存於太陽心，第二個存於月亮心。它們深埋在心靈母體內；我們無法確知它們可反映「超越」到什麼程度或有多真確。但如果我們保持謹慎認知的態度，那麼我們就不會天真地以為它們反映的是客觀世界。但第三個界面點把存在於心靈母體外的事物帶進來，而且其內容具有二元性——因為這些內容一方面跟主觀的心靈領域有密切關係（它們是意識所思索的意象，也是夢和異象所象徵的意象），另一方面卻根本或完全不屬於心靈母體。這些內容反映主體個我並密切參與心靈

5　譯註：刻文出現於義大利Pesaro城內之浸禮室用馬賽克舖成的行道上，原文為"EST HOMO NON TOTUS, MEDIUS SED PISCIS AB IMO"，大意是「半人半魚」，刻文旁亦有半人半魚的圖像。榮格所記的文字EST HOMO TOTUS MEDIUS PISCIS AB IMO似遺漏兩字。

領域，但它們非由個我所決定、創造或控制。在巴特的故事裡，把門打開並砰然關上窗戶的風就是這種事物。在榮格的故事裡，是魚。因此，這奇怪事物是個譬喻式象徵，但又不僅於此。它設法超越個我和外在世界並將它們結合起來；它是座橋樑。

月亮心和太陽心的相會

在〈超越功能〉（Transcendent Function）這篇早期論文中，榮格論及意識和無意識（第一和第二界面點）之間的心靈橋樑功能：「『超越功能』絲毫不具神祕和形上色彩。它意指一種心理功能，其作用就像那結合實數與虛數、與之同名的數學功能。心理的『超越功能』發生於意識和無意識內容結合之際（Jung, 1916/1969；段131；註1）。這論文是他在發展出共時理論以及原型具有「踰越性」（transgressivity）的觀念前寫成的。其中他想明確指出的是，「超越功能」這名詞僅限用於心理領域（第一和第二界面點），並不涉及我所說的共時界面點。這早期論點乃建立在他當時的興趣和理解之上：他在一九一六年想到的「超越功能」不多不少僅指意識內容和無意識內容的結合而已，也就是太陽心和月亮心的相會。它是掘入無意識材料、將之帶回表面並加以整合後的成果。無意識材料先前不是受到壓抑（主要指陰影原型），就是尚未成為足供意識使用的象徵，但現在夢、異象或積極想像使它變為可用、可以整合到意識中並成為擴展後之新自我知覺的一部分。這種解釋下的「超越功能」透過內心的整合工作，精細打造出自我身分並使之逐漸成形。這自我身分最後會超越單純的個人生平故事，因為它也涵蓋了原型材料和意象。「超

靈性之旅 ├─ ●

越功能」一向包含原型意象和能量，因而可把自我身分推高到半具象徵意義的層次。它所賦與的自我身分是真實生平和想像內容共同構成的。一般人都認為這是長期接受榮格式心理分析並接續從事內心操練後，受到輔助強化的個體化過程所能達到的最佳成果。《紅書》就曾以美麗詩意的圖文將它闡示出來。

這構想所欠缺的、也是榮格後來用幾十年時間逐步點點滴滴添足的東西，是既屬心靈又非屬心靈、既屬個人又非屬個人、既為個人靈魂又為世界靈魂（anima mundi）的靈性元素。它會藉不侷限於意識或無意識心靈的象徵表達出來。如果個體化過程包含這些象徵，那麼這一版本的「超越功能」就不再侷限於心理領域。一個埋藏於人心、但嚴格說來不屬人類且不為人類專有的神聖因素，就被加進了榮格後來對超越的了解中。這是靈性元素，凌駕在心靈之上。

對強烈感受過「超越」的個人而言，這經歷有何意義？它對體現自性的個體化過程有何助益？答案是：它透過親身經歷帶來一種領悟，讓人知道個體化過程乃建立在遠遠超越個人、甚至超越死亡的本體根基（ontological ground）上。神或萬有之本在意識（或神內之意識）中體現出來。這是主體個我有幸參與的外在實體（objective reality），遠遠超越個人範疇而進入「太一」（unus mundus）或神之所在。

【第八章】　不僅是蝴蝶

　　真實的超越經驗無疑比我們一般所想的更常發生。我們很可能每天都遇到共時事件，卻一無所覺。人類意識最可悲的敗筆，或許就在於它輕易錯過不曾預見或不尋常的事。大多時候，我們只看見自己期望看到或希望看到的事。我們過度專注在眼前的工作或規劃，以致鮮少注意周邊所發生的事情。就算我們確實注意到這裡或那裡出現的奇異巧合——與死亡車禍擦身而過、才要致電某人就聽見他來電的鈴聲、或所做的夢竟與第二天醒後發生的事相符——我們也不會花點時間來深思其中意義。然而，就會有那麼一、兩回，我們身邊盡圍繞著一連串帶有預兆和說服力的巧合，使我們不得不留意起來。這時隱形翅膀的振翅聲開始驚動我們，突然臨場的奇異事物甚至使我們悚然發抖。

　　當某些生命時刻充滿強烈情感時，這類打動人心的巧合最容易發生，因為我們在那時更能觀察入微。例如，當面對死亡時——尤其是親人好友的死亡——我們的感官似乎就變得更能接收超越傳來的無線電訊息。我們的直覺天線延伸出去並保持警覺。

藹玲修女的故事

　　讓我舉個例。我的摯友藹玲修女在幾年前去世。我認識她有十多年之久——最初她是我的輔導個案，後來她和我成為相談甚

歡的同伴及友人。在這段時間裡，她向我談到不少她的生活、她對過去和現在人事的感受、她的夢想和盼望。在漫長而豐碩的生命來到盡頭時，她開始歸納和整理自己的回憶。藹玲成年後就一直是天主教修女，真誠相信上帝和永生的存在，但眼中閃爍快樂光芒的她一向用輕鬆態度秉持著這些信念。也許由於年輕時跪著祈禱和洗刷修道院地板時間過久的緣故，她晚年不良於行，最後無法離開輪椅。她在失去行動力後十分悲傷，不時為了自己必須完全依賴照護中心的修女姊妹們感到生氣和自哀。雖然強忍雙腿嚴重殘廢所帶來的挫折感，她還是開心地對我說：她上天堂後要做的第一件事就是在那裡跳舞。她愛想像自己將重新擁有健康的身體並重獲行動自由。這是她最盼望的事，遠甚於再見死去的至親好友或宗教界名人。她年輕時一聽見音樂就非常興奮，一碰到新英格蘭老家的舞會場合就生龍活虎。在說起這些快樂時刻時，她笑得很開心，笑聲中夾有調皮意味。我們會一起大笑並想像那些有趣的情景。

在藹玲從醫師那裡獲知自己得了不治的癌症而從此迅速失去體力之前，芝加哥報紙曾報導說教宗若望保祿二世已經確證愛迪絲・史丹（Edith Stein）[1] 的聖徒資格，並將在羅馬聖伯多祿大教堂舉行封聖典禮。雖然日期未定，但典禮勢必將在近期舉行。自從若干年前我讀了愛迪絲・史丹的作品和傳記後，她一直是我最欽佩的女性之一。因此這令我振奮的消息竟讓我忖思有無可能到羅馬聖伯多祿大教堂參加典禮。我知道藹玲在羅馬認識不少人，

1　譯註：關於愛迪絲・史丹（1891-1942），請見作者在本章後文中所做的略述。

因此我問她可否為我拿到封聖典禮的入場券。她答應為我打電話，不久就向我保證說：愛迪絲·史丹封聖的那天，我一定會有座位。我對她有說不盡的感激。

由於曾要求醫生不要為她做任何特別治療，藹玲在知道癌症診斷後不久就去世了。她早已為脫離肉體、換上靈魂去見上帝做好準備，也準備好要去見那些先她過世的至親好友，尤其是多年前早逝的一位年輕修女。內人和我有幸在藹玲去世前一天跟她相處了一小時。她時而有意識，時而昏迷，幾乎不知道我們在場，但我相當確信她能從心靈某處、從「病房上方的角落」觀看我們。我們跟她吻別，祝福她安然走過死亡幽谷。我知道她為生命最後路程已經做好人所能做的最好準備。

我們在喪禮那天才驚聞告別儀式從附有溫馨小禮拜堂的照護中心移到了一座大上很多的教堂。我們把地點和時間都弄錯了：告別儀式將於數小時後在城市另一地方舉行！芝加哥那天奇熱無比，因此我們當時把車停在照護中心後方的美麗花園裡。由於冷氣曾使車內變得十分涼爽，我們不僅緊閉了門窗，還為了保存車內冷空氣而急進急出。在開車離開之際，我要求內人查看一下後座，因為有什麼東西不知如何進入了我們的車子並在後窗四處拍打。她轉頭看後窗，不禁驚呼：「是隻蝴蝶！」

我說：「不可能，蝴蝶怎會跑進來？窗子都關得密不透風。」

但牠的確在那裡——是隻翅膀上有綠點的褐色蝴蝶。我開窗讓牠逃走、希望牠飛掉，但牠就是不走。牠打定主意要一路停在車子後窗上而放棄逃走的機會。我們在一家飯店前停車並打開兩側後門，但蝴蝶還是無動於衷。甚至在告別儀式及喪禮結束後幾小時，蝴蝶依然在夜歸途中陪伴著我們。我們開始打趣說牠是

　　　　　　　　　　　　　　　　　　靈性之旅

藹玲。

「好吧，藹玲決定跟我們回家了！」

我們到家時，內人把手伸向後座，希望蝴蝶這時會接受邀請、離開車子。之前她試過幾次都不成功，但這次蝴蝶竟跳到她手中，然後穩坐在那裡。我們呼喊在屋內照顧我們女兒和狗的朋友喬艾絲——她跟藹玲也是熟識——要她出來看藹玲。

我們一起站在街燈下時，蝴蝶藹玲突然決定跳到地面上，並開始在我們腳邊曼妙轉舞起來。她一圈又一圈高速旋轉和狂舞。我突然記起藹玲生前熱切表達的願望：她要在永生中跳舞！我不禁脫口說：「嗨，藹玲，我知道你做到了！你正在跳舞！太棒了！」

今生和來世的藩籬就在那一刻被衝破了：我那時只覺得我們位在一個既屬於塵世時間，也屬於永恆的空間裡。當著我們面前在地面跳舞的蝴蝶的確是藹玲，但她同時也在另一個世界裡跳著舞。蝴蝶和我們都瞬間同時佔有了兩個空間。

然後蝴蝶就飛走不見了。在不曾稍減的驚訝中，我們知道自己目睹了確實奇妙的事情。

喬艾絲第二天打電話來：「猜猜看我們昨天見到的蝴蝶怎麼了？」

「什麼？」我吃驚地問。

「牠乘了我的車子，跟我回家了！我到家時，牠就在車子後窗上。我讓牠飛出後，牠朝桃樂絲的花園飛了過去。」桃樂絲住在幾個街區以外，五十年來一直是藹玲最好的朋友之一。

這經歷在我們每個人的記憶中都烙下不可磨滅的痕跡。我們後來經常談到藹玲，並留意到一些巧合——例如，在我們站

著閒聊懷念藹玲時，一個車身上漆有她姓氏的卡車竟會剛好從旁經過。

大約一年後，我聽說了愛迪絲・史丹的封聖典禮將於何日舉行。要謝謝藹玲先前委託她在永恆之城（the Eternal City）[2] 的朋友幫忙，我從梵蒂岡拿到了入場券。典禮於一九九八年十月十一日在聖伯多祿廣場舉行。

愛迪絲・史丹的生平故事多年來一直深深吸引著我。她出生於現屬波蘭的一個城市，父母為猶太裔。在二十幾歲時，她不顧母親反對皈依了天主教。她曾跟隨艾德蒙・胡塞爾（Edmund Husserl）[3] 在德國自由城大學（the University of Freiburg）研讀哲學，並寫下一本備受好評、有關同理心的博士論文。在一九二〇年代，她以天主教修女的身分成為著名的天主教婦女代言人，在德國各地演講和教學。但她真正熱衷追求的似乎是神祕主義。在一九三〇年代，她獲准加入聖母聖衣會（the Order of the Carmelites）[4]，從此投入以沉思及祈禱為主的隱修生活。當二次大戰爆發、納粹變本加厲迫害德國境內的猶太人之際，她從科隆被悄悄調派到阿姆斯特丹，藉以保護她的安全。但那保護為時並不長久：一九四二年時，她和荷蘭境內的其他知名猶太人一齊遭到圍捕，然後上了火車，連夜被解送到恐怖的死亡集中營。雖然納粹給她機會，容許她離開囚車前往安全的瑞士，她卻拒絕拋下自

2　譯註：指羅馬。
3　譯註：艾德蒙・胡塞爾（1859-1938）為德國哲學家，是現象學哲學的創始者。
4　譯註：此天主教修會於十二世紀時創立於巴勒斯坦北部的加爾默羅山（the Carmelites），因而得名。

己的同胞，以致最後跟許多人一起喪生於奧什維茲（Auschwitz）集中營。

有許多原因使我對她的生平特別感興趣，而且我先前也讀過她的著作和幾本傳記。再說，我也從未參加過封聖儀式。因此，當內人和我以及兩位羅馬友人一起步向藹玲和她的羅馬朋友為我們保留的上座時，我心中充滿了興奮和期盼。

藹玲修女再次現身

毫不意外地，儀式非常感人。當時就已年邁體衰、佝僂不堪的教宗緩緩從大教堂門內走出，步向聖伯多祿廣場前禮台上的座椅，然後在那裡用三小時時間主持了一場對他而言顯然別具意義的儀式。他和愛迪絲‧史丹都是波蘭人，而且多年來他盡力消弭基督徒和猶太人間長久存在的衝突，也是第一位訪問羅馬猶太會堂的天主教教宗。那天在聖伯多祿廣場上，儀式本身、音樂、七萬名來自世界各地的群眾、以及禮台上坐在教宗旁邊的知名樞機主教和政治人物——這一切共同營造了動人的效果。在那種氛圍下，一種無形世界圍繞、盤旋的感覺變得相當真實。那確實是最真切的宗教體驗。

但儀式將結束時發生了一件出乎我意料的事。我們當時站在溫暖的太陽下聆聽教宗最後用拉丁文吟誦賜福祈禱。每個人在儀式開始時都曾拿到一本小冊子，其中夾著用四種語言印出的祈禱文。我盡力想跟上教宗口中含混不清的詞句。當他唸到「從現在到永遠」（ex hoc nunc et usque in saeculum）、「現在及永遠」（ora e sempre）時，難以置信的事情發生了：一隻翅膀上帶有綠

點的褐色蝴蝶不知從幾萬群眾當中的什麼地方飛了出來，降落在打開的頁面上。牠就靜靜停在「現在及永遠」這幾個字上，一動也不動。

我最初摸不著一點頭腦：我眼前發生了什麼事？這隻突然出現在我小冊子上的蝴蝶對我來講十分意外，也讓我極為震驚。我不曾在那大片人海中看到任何蝴蝶，所以怎麼可能？我呆楞在那裡，腦中再也容不下反諷思維，只有一片驚訝。這蝴蝶是從哪裡來的？我們並未站在花園裡，而是站在名符其實的人海以及水泥和石頭蓋成的巨大城市中。

內人把視線移到我的小冊子上，輕聲說：「是我們在芝加哥看到的那隻蝴蝶！」的確，連顏色都一樣。身旁的朋友並不知道蝴蝶藹玲的故事，因此並沒露出同樣知情的神色，但他們還是為蝴蝶出現在這不可能的地方、停在我的小冊子上大表訝異。

這會是藹玲嗎？是暗示嗎？我滿心驚訝地想著。

蝴蝶在教宗說「阿們」時從頁面上抬起身子，朝空中飛去，然後消失在我們前方五十公尺處的祭壇那裡。我心想：牠加入了亡靈和天使的行列——在這陽光燦爛的十月天，祂們全現身在聖伯多祿廣場上，讓人可以摸觸到！

如果思考這蝴蝶是哪一類事物的話，我們就會發現牠具有不可否認的二元性。牠在物性層次上是鱗翅類動物，但牠同時也屬於靈性層次，在我眼中是藹玲的亡靈或她亡靈的象徵。我在物性蝴蝶的身上覺察到藹玲亡靈的現身。這局面至少具有四個不同元素：（一）我的意識——這現象的見證者，（二）我記憶中的藹玲形象，（三）物界的蝴蝶，（四）作為無形第四者的靈性存有。適時出現的蝴蝶在我眼裡就是藹玲的亡靈。這種經歷所帶來

的認知無法透過測試獲得證實，也無法在實驗室複製。每當重要的人死去時，蝴蝶就會出現嗎？當然不會。類似的經驗會以另一隻蝴蝶的形式再次發生嗎？我不知道，也不指望它會。但我知道這經驗曾發生過一次，並深刻影響了我。這認知是一種靈知，是沒有魔法師的魔法，也是個人有幸覺察無形靈性事物在場的稀貴經驗。它指向萬物背後的超越本體。

　　神學家瑞彩娜‧施瓦茲（Regina Schwartz）寫道：「超越就是常態現象（immanence）中突發的譫言妄語，是現象界揚示原始情慾的時刻，是本然渾沌的一道裂隙，是對主觀我的質疑，是破門衝進可言喻世界的不可言喻存有」[5]（Schwartz, 2004；頁xi）。我現在根深蒂固地相信：超越（我在此指的是具有神聖意味的超越）曾藉蝴蝶藹玲以曼妙、挑逗、留連不去、令人心怡的豔舞向我顯現過。

5　譯註：此處引用之原文是"Transcendence is a delirious rupture in immanence, an erotic claim made by it, a gap in the Real, a question put to subjectivity, a realm of the impossible that breaks into possibility"，出自瑞彩娜‧施瓦茲在其主編之論文集*Transcendence: Philosophy, Literature, and Theology Approach the Beyond*《哲學、文學和神學中的超越走向》（暫譯）的序言。本句文字多呼應拉岡（Jacques Lacan, 1901-1981）的心理學。Erotic claim 是指被無意識之語言架構（symbolic order）──正如意識世界的語言律法架構──建構成的愛慾想像。The Real 是指人初生之時僅具動物之本能需要、還未進入自戀鏡像期和社會語言架構的渾沌狀態。至於 Transcendence（超越）和 Immanence（內存性），這兩個名詞代表基督教神學中對立但互為表裡的兩個概念。後者意指崇高超越的上帝雖獨立於被創造之宇宙外，但也內存於人心和自然世界。十七、十八世紀歐洲理性主義興起後，傳統信仰式微，取而代之的原神論（deism）視宇宙的原始創造者並不參與人事與自然，因而否認人所知的世界有神蹟存在。在哲學方面，自史賓諾薩（Baruch Spinoza, 1632-1677）及康德以降，transcendence 和 immanence 的概念都不再與具有絕對權威的神或創世主有關，而成為人本主義哲學家研究人類意識與認知的題目。在此情況下，Immanence 也轉化為現象界之意，其中萬物彼此相屬相關並自行演進流變。

【第九章】　靈性與心理分析

　　心理分析是現代的產物。彼得・霍曼思（Peter Homans）在一九九五年著書論及這門專業得以興起的文化背景及其創始者所處的社會環境。在某種意義上，心理分析是為佛洛伊德和榮格而取代宗教的，讓他們可以安心探索並獲得必要的養分。我們經常會忽略他們與傳統宗教只不過隔了一代或兩代。佛洛伊德的祖父母是哈西丁（Hasidim）虔敬教派猶太人，榮格的父親及外祖父則是瑞士改革教派牧師。先輩們從傳統宗教習得和經驗到的事，後輩用自己的方式在心靈領域重新挖掘出來。

　　無意識在夢和異想中所製造的意象及象徵是與人在回想昔日宗教世界時所念及者相對應的。兩位創始者的工作空間都充分證明了這些相通之處。大家都知道佛洛伊德收集了許多小古董。心理分析學學者安娜瑪麗亞・里祖托（Anna-Maria Rizzuto）就曾論到佛洛伊德諮商室內的這些「神聖物品」：「它們為他提供了上帝提供給信徒的東西：確信某種事物的恆在性，以及在情感上經由昇華作用與所嚮往的父親連結後產生的愉悅感……它們無時無刻的存在是不可或缺的，其功效就像上帝的即在性對信徒所產生的功效」（Rizzuto, 1998；頁259）。里祖托發現心理分析的創始者竟然不曾遠棄神的概念。約瑟夫・哈因姆・葉魯沙米（Yosef Hayim Yerushalmi）在其傑作《佛洛伊德的摩西》（*Freud's Moses*）一書中探討佛洛伊德與其猶太文化傳統間的關係。他一針見血地

說：「佛洛伊德所說的人格整合強調潛抑之記憶必須復活，以利新見解的產生，因此我們無需否認父親，但至少要能嘗試在另一層次上與之重建關係。雅各‧佛洛伊德在一八九一年寫說：湧起吧！井泉！你們要對它歌唱。他的兒子從一九三四年起到幾乎臨終之時，都在飲用那口井水並對它歌唱。他唱的歌當然不是他父親可以了解的，甚至還可能讓後者覺得自己和那格格不入。然而，從某個角度來看，在重要關頭上，我覺得他不會不開心的」（Yerushalmi, 1991；頁79）。

我們也從榮格的私人書房明顯見到他向傳統宗教致敬。他把德國一座中古世紀教堂的彩色玻璃窗搬來裝設在書房裡（Stiftung 2009，頁 6），並把杜林裹屍布（the Shroud of Turin）[1] 的摹本橫鋪在書桌上。榮格的心理學理論本身可說就是一種《聖經》神學。例如，他的共時理論就在重述基督教教義常提的「上帝旨意」（Divine Providence）之說（Stein, 1995）。榮格對於心理分析的靈性面向也隨時間愈來愈有深刻的體會，並在晚年著作中對此詳作討論。

馬雅祭司遇見上帝的真言

然而，心理分析所說的「靈性」並不同於這名詞在傳統宗教論述中所具有的意義。要了解心理分析所說的靈性，我們在此可

1　譯註：是義大利杜林大教堂自一五七八年起就收藏的一片亞麻裹屍布，上面印有被十字架釘刑所傷之人形，據信即是耶穌門徒在他死後為埋葬他所使用的裹屍布。

以繞個路，用心理學方法來思索一下阿根廷作家荷西·路易斯·包赫思（Jorge Luis Borges）的短篇小說〈上帝的真言〉（The God's Script）。

這是馬雅祭司其那坎的故事。他在被西班牙人佩卓·阿耳法拉多捉拿後慘遭酷刑逼供，最後被永久監禁在深不見天日的地窖裡。囚牢分為兩部分，一部分住著其那坎，另一部分則住著一頭被美洲原住民視為神聖的美洲豹。一堵高及窖頂的石牆隔開了這兩部分，牆面上有個鐵柵窗。陽光射進來時，其那坎可以透過窗子看見豹。每天中午，當獄卒降下每日的口糧和水時，明亮的陽光會從上方短暫進入牢房。其那坎就利用這片刻時間觀察豹，並在後來幾年裡把一切注意力都投注在這不停踱步的動物身上，期望能看出牠身上斑點的圖案。其那坎相信至高上帝的密碼就刻在豹紋中，任何學會破解密碼的人都會變得跟上帝一樣擁有大能。如果他，其那坎，能明白刻在豹身上的密碼，他就能了解上帝的心意，藉此獲得自由，並向佩卓·阿耳法拉多復仇，重建他自己的宗教和他偉大的民族。其那坎為實現這使命而全力以赴。

其那坎花了很多年時間研究這頭花豹。他和獄卒一起老去，身體逐漸佝僂並失去健康，到最後甚至無力從石板地抬起身子。有一天他做了一個夢，在夢裡他看到牢房裡有粒沙子。他起心留意並且（仍在夢中）再度睡去。他又開始做夢，這時牢房裡有兩粒沙子。他第三次再度睡去後又夢到另一粒沙子。就這樣，一而再、再而三，直到最後沙粒填滿他的牢房到房頂，壓得他幾乎窒息而死。他知道自己必須設法醒來，但當他從一個夢醒來時，他發現自己還須從另一個、以及無數另一個夢醒過來。要全然覺醒，他必須倒轉無數夢境的整體順序。這簡直無望透了：他怎可

　　　　　　　　　　　　　　靈性之旅

能從所有夢境中醒來？

突然，窗門從很高的上方打開，陽光跟著瀉進牢房裡。其那坎從惡夢中醒來，大大鬆了一口氣，竟然祝福起那位打開牢窗、讓陽光進入的獄卒。他甚至祝福起收容自己的可怕牢房，還有自己那老邁多病卻堅韌不屈的身體。他也極端感謝自己活著的生命。就在這一刻，他全然受到開示：他看見了上帝並瞥見終極實體。他見到的是一個用火和水打造、充滿宇宙和連結萬有的巨輪。其那坎突然體會到自己在萬有架構中何其渺小，只不過是巨形存有織布中的一絲纖維罷了，而佩卓·阿耳法拉多也是這同一織布中的一絲纖維。當他更仔細查看宇宙巨輪而明白它的全部意義時，他也發現自己現在可以讀懂寫在豹皮上的文字了。他突然明白了密碼在說什麼；那是一句十四字真言，只要他大聲唸出來，他就會獲得所需的能力，去完成他在這漫長悲慘的放逐歲月中所想望的一切事情。他終於握有權柄，可以讓自己棄囚牢而去、恢復健康、毀滅敵人、重建民族和民族的宗教信仰、成為像全墨西哥統治者孟帖蘇馬（Montezuma）一樣的統治者。他可以實現自己的每一個願望！

> 四十個音節、十四個字，而我其那坎將可以統治世界……但我曉得自己絕不會唸出這些字，因為我已記不得其那坎了……只要見過宇宙、看見過宇宙的輝煌圖案，就沒有人還會再用個人立場、個人無足輕重的幸或不幸（雖然他當下就在那處境裡）來思考事情。他曾是幸運者或不幸者，但這些現在對他來講都不重要了。（Borges, 1964；頁173）

就像《聖經》中悟見上帝令人敬畏的神威後就閉口不言的約伯，其那坎封住自己的嘴巴，接受了自己在終極實體之巨輪中所能擁有的無限渺小地位。他沒有說出「上帝真言」的原因是他的自我遇見了自性——前者也不過是後者微小的一面而已。自我在自性的架構中找到自己正確的地位，因而放下自己的計畫和當前所欲。

尋找無意識所藏的密碼

在重要意義上，心理分析所尋求的也在於察悉豹紋——我們稱之為無意識——所藏的真言，在於窺見個人如何連屬於更偉大的自性和以自性為映像的神。自佛洛伊德出版《夢的解析》（*The Interpretation of Dreams*）以來，詳究心靈以找出圖案並試圖解開其深處密碼，就一直是心理分析的核心工作。這工作也發生在心理分析架構的緊閉空間裡——雖非囚牢，卻也稱得上是地下密室（temenos）[2]。

反諷的是，儘管佛洛伊德決心把心理分析移到高處旱地，使之遠離通靈卜筮、玄學奧義、靈知論、魔術和神祕經驗這些渾濁地帶，他卻因偏重自由聯想和夢象、忽略直接思考而無意間打開了通往靈性領域的門。他要榮格防範的「靈異洪流」（flood of

---

2　譯註：Temenos 為希臘文，意指聖堂、聖所，在心理分析情境中指呵護病人心靈和隱私的環境，或稱 container、容器。分析師和病人的互動關係是架構這環境的主要因素。

occultism, Jung, 1963a；頁150）還是無法全然被阻擋住。從心理分析運動發生後，藝術家、詩人、神學家、哲學家和其他非科學領域及未接受醫學訓練（或洗腦）的人都參與了心理分析理論及實踐的建成。他們會受吸引，主要原因並非心理分析學自稱依據機械論和科學精神（我們或可說這種自稱不免自視過高），而是因為它鑽研了下列事物的神祕起源：創造力、想像力、以及負責創造心靈世界的非理性神奇因素。

　　心理分析所研究的對象是住在人心第二個半封閉囚室中的美洲豹，也就是無意識。我們常在分析工作開始時也以控制無意識為目的。接受分析的人最初也許認為只要了解無意識密碼，他們就會變得很有能力。然而，就像其那坎的故事，往往在追求能力的過程中，人最終所尋見的反而是自我在更廣闊心靈宇宙中所居的位置：自我並不具有掌控整個心靈的能力。用心理分析的話來說，這就是靈性感悟。心理分析中的靈性經歷就以這種感悟和自性體現為依歸。有些臨床實例可以說明靈性經歷如何發生於個人心理分析過程中。

　　一個新案主在分析中說出第一個夢。我特別留意到其中一個細節。在夢中，他在度假旅館的房間吃早餐。大開的窗戶讓他看見外面的大海。不強不弱的海風吹著，一塊白色窗簾翻騰湧入房間。我要他更仔細描述這景象。

　　他說：「是溫和的微風，非常提神。風勁稍強的時候，你知道，窗簾就會翻騰起來。」他說到「翻騰」時開始比手畫腳。「天氣很晴朗；風雖有些強勁，卻不嚇人。是去海灘和駕駛帆船的好日子。」

　　正說話時，他開始做起白日夢來，我也跟隨他進入他的心境

裡——有那麼短短一下子，我們好像一起走進那夢裡，我甚至感覺到微風並嗅到鹹空氣。我心想：窗子開著，是進入無意識的良辰吉時，也是分析開始的最好時刻。

幾星期後他說了第二個夢。他站在大河的岸邊，身旁和河中有許多嬉戲、沐浴和休憩的女人及小孩。他走入河中並開始游泳，同時留意到河水十分清淨。他可以看見河底，並享受清水帶給他皮膚的沁涼。他游到相當遠的地方。正要游過河道下降的某處時，他突然看見有條巨大的白色鯊魚靜躺在水面下二十英呎或三十英呎的河底。驚嚇之餘，他迅速轉身並游上了岸。他不解那些女人和小孩為何一點也不在意、還繼續游泳並在水中嬉戲。他們沒看見鯊魚嗎？還是他們知道那沒什麼危險？還是說鯊魚只是他的幻覺，並非真正存在？他非常不解，就此醒了過來。

我暗想：這夢讓他有點不安，但並不很嚇人。鯊魚此刻很安靜，但牠位於水面下，這有什麼含意？為什麼夢的創造者讓我們看到鯊魚？是要警告我們兩人在探索無意識的分析過程中要一路小心？他在之前的諮商時段曾敘述過自己的生平，或許我們可以從中找到與這夢象有關的材料。我們兩人都認為鯊魚和他三十年前因嗑藥成癮而精神病突發（psychotic break）有關。這事件帶來的心理創傷成為他生命的深刻記號。「我在上帝眼中已經無藥可救了」，此刻他如此說到當年惡夢般的嗑藥經驗。「我看得到自己的罪惡。上帝用手指直指著我、指斥我的不是。我清楚看見自己壞透了、爛透了。我一生所做的一切都只能用『差勁！差勁！差勁！』來形容。我是世上最可惡的罪人！我明白這真相時孑然無靠，上帝只冷眼看著我。祂那令人痛心的審判是如此絕對、無可更改。」

　　　　　　　　　　　　　　　　　靈性之旅

在思考這夢時，他覺得大白鯊似乎再度攻擊他並重傷了他的自我。這對他而言是極為特殊的一次靈性經歷，但也壓垮了他的自我，使他遍體鱗傷——他整個人都陷溺在心理創傷中。他說：「那就是我離開生命之河的原因。我的生命在那一刻停止了。我渴望回到遭到攻擊之前的那個我，但我回不去。我知道上帝注視著我，而我卻一無是處。這認知讓我動彈不得。我不懂為何別人沒因這個認知像我一樣驚恐萬狀。」他曾花了好多年時間才找回自己的平衡點。

我試探地說：「鯊魚此刻很安靜。」我想這或許能撫平他的情緒，讓我們可以繼續思索這個夢與現在有何關係。

「喔！沒錯，但牠隨時都會發動攻擊。鯊魚隨時來去，就像雷電一樣。牠們現身時，什麼都完蛋了。」

我指出：「女人和小孩看來也還好。」

「是啊！很奇怪，我搞不懂。」我們兩人說完這話後都沉默了許久。

探索充滿張力與矛盾的內在力量

在包赫思的故事裡，其那坎由於跟美洲豹之間隔著一堵厚石牆和一個鐵柵窗而受到保護。但在我病人的夢境裡，只有清水把泳者和鯊魚阻隔開來。這點很重要；它顯示人會使用各種防禦結構和自衛機制來面對一個令人恐懼的原始心靈物件——令人恐懼的原因是它會呈現自性嗜好毀滅和懲罰的負面面向。榮格在《對等於約伯》中就提到：「上帝有個可怕的雙重面向：恩典之深海與沸騰之火湖交會，愛之光將其光輝射向黑暗的熾熱所

在，也就是人所稱的『燃而無光』之處。永恆不變的真理（有別於人世間真理）就是：人可以愛上帝，但必須畏懼他」（Jung, 1954/1969；段733）。榮格指的不是神學家和哲學家口中具有神學和形上學意義的上帝，而是原始宗教經驗中的上帝、一個原型意象、也是一個能以大白鯊或美洲豹形式顯示出來的心理因素。在夢和異象中顯示的自性是極端模稜兩可的意象，充滿內在張力和矛盾，而這些張力和矛盾只能化解於超乎人類知能的「本然原型」層次上，也就是神的層次。我們所能經歷到的永遠是零星片面，絕非整體。

心理分析為我們打開窗子，讓我們看到具有這種威力和矛盾性的強大心靈物件和勢能。因此，心理分析情境中的靈性經歷可說是一場踏向未知世界的驚險旅程，引我們走入無意識水域並把我們帶至心靈安全容器的保護牆以外。佛洛伊德和榮格這兩位拓荒者深知面對無意識、冒險踏入人心未知領域時的恐懼：佛洛伊德面對可致人於死的獅身人面獸，榮格則迎戰具有無數形式的集體無意識原型，並在談起它們時不寒而慄。心理分析致力於看透人類生命的核心奧祕並思考（雖未必能解開）它最重要的謎題。這番企圖可以促成靈性經歷的產生，而這經歷則須透過個人親身體驗自性之原型意象才能取得。

另一個重要案例則顯示，分析過程有時會讓人看到善於創新和發明的無意識是何其不受拘束和具有天份，其奇妙不是意識所能意想到的。一個被我治療了一年多的病人講了一個他自己認為不可思議的夢。這夢產生的背景也很奇特：他說他是在醫院長椅上等女兒生下第三胎時做了這個夢。他對女兒生這第三個孩子並不覺得高興，因為她沒什麼養活自己和現有兩個小孩的能力，更

不用說養活第三個了。但此刻是深夜兩點鐘，他還是得陪女兒、等她被送到產房裡。他在候診室的長椅上睡了過去，然後夢見自己在女兒的產房裡，旁邊有幾個女人在打點事情。突然他夢見一個異象，在異象中大約有二十個人圍繞著女兒的病床，正等她生產；他們是來慶祝這喜事的。然後他發現自己認識這些人，每一個都是他的舊識。他仔細看他們的臉，其中有他童年的伙伴、大學朋友、以前指引過他的人等等，每個人他都認得。在這夢中異象裡，這些人的年齡跟他認識他們時是一樣的。他突然滿心喜悅，因為他發現有些實際已過世的人也出現在這裡！他們來這裡是要跟他一起慶祝他孫兒的誕生，這使他心生無限感激，而且能跟朋友再聚更令他喜極而泣。就在這時，女兒叫醒了他，說她要進產房生產了。

這個由連結過去、現在與未來之人際網路構成的夢／異象相近於其那坎所看見之萬事萬有彼此相連的巨輪異象。在這種時刻，我們有幸能超越自我狹隘的觀點和偏好，發現還有更廣闊的真實存在於時間和永恆中。有所對照的自我因此得以重新定位：其那坎忘掉自己，我的病人則擺脫了苦惱並不再反對新生命的降生。當自性出現於夢中而使自我找到相對的位置時，更廣的視野就建立了起來。這就是發生於心理分析過程中的靈性經歷。

在分析過程中產生的靈性經歷多是自然發生、令人驚奇、並幾乎一向有違自我狹隘的態度和期望。這就是榮格認為夢有彌補作用的原因。夢足以對抗自我的極端偏頗。無意識的彌補效果在一節諮商中可能會藉「說溜了嘴」的方式發生。有個病人正在詳述他與一位幾乎零缺點的女人最近發展出甜蜜戀情的故事。他提到，他們在戀情發生後三、四星期就起了一些小衝突和口角。

他的女友表現出一些讓他心煩的奇特舉止，但他堅稱那無傷大雅。「我不可能說這些事情並不重要。」他特別加強語氣，但隨即打住，因為他發現雙重否定的說詞恰恰反向表達了他意識想說的事。他是饒富經驗的心理學家，當然知道說溜了嘴代表什麼意義。當他聽見自己道出真正心聲時，他難為情地大笑起來。我也邊笑邊說：「不管你想不想，你會講出真話的。」

無意識總會說真話。無論自我想不想合作，引領分析療程的就是這說實話的無意識。這是靈性經歷在流經分析療程時讓我們看到的另一個面向。

分析師和分析案主在互動中產生的心靈能量場域（psychic energy field）是另一個讓人感受靈性的入口。榮格寫到一個把他捧上天、在夢中視他為天父上帝的女人（當時這上帝正抱著她穿越麥穗隨風起伏的麥田）（Jung, 1943/1966；段211）。海風——亦即氣息（pneuma）或靈魂（spirit）——也在前述第一個病人的夢裡從開著的窗子輕輕吹進來。我稍早時沒提到，身為分析師的我當時也出現在那個夢裡，在那裡注視著做夢者享受大杯柳橙汁以及土司加蛋的豐盛早餐。他說我看來頗不耐煩，因而他不知道我最後會尊敬他、還是會棄他而去。這讓他想起他的父親和繼父。從分析的互動關係中生出了一種精神事物，把過去和現在連結在一起，並且還可能導致未來。兩人在分析療程中發展出來的深厚情感跟我們在人生之始所知的相屬之情——親子關係——十分類似，但更重要地，它能讓我們與深埋在個人情結內的原型事物建立關係。去探測、深究，並經由超越去完全體驗我們與原型意象及原型勢能的深厚情感，這是心理分析的中心工作，或許也是靈性鍛鍊的重點（靈性鍛鍊就是分析療程在進入複雜階段並全

力展開後轉換成的形態）。榮格所說的分析過程之「轉化」就是從互動關係的肥沃場景中汲取其核心能量的（Jung, 1929/1966；段160及以下）。

　　最後讓我們談談共時性。大多情況下，緊密關係——分析時的兩人互動或其他人際關係——是使人在某一時刻驚見事物彼此具有奇異關連性的促成因素。不小心吐漏實情的案主在同一節諮商中也敍述了一件不尋常的事情。他對神祕觀念毫無興趣，始終維持著現代人該有的理性和質疑精神，因此發生於我們見面前一天的一件事讓他深感困惑。他女兒先前打電話給他，說她在狹窄山路上開著租來的老車時出了狀況並幾乎喪命。車子的一個輪胎爆掉後，她差點從山路打滑出去、滾落到下方深谷而命歸黃泉。她告訴他：雖然嚇破了膽，但她目前還好。案主開自己的車載兒子時把這事告訴了兒子。正說到女兒車子爆胎的那一刻，他車子的一個輪胎發出巨大爆胎聲，力量猛烈到輪胎鋼圈立刻沿著人行道嘎嘎摩擦起來。這令人震驚的巧合使他說不出話來，只讓他覺得這事好像要讓他知道他的家人彼此息息相關。這經歷也為我們在分析過程中逐漸了解的無意識添加了超越的面向。我們生命中的無形關係網絡——包括心理和生理層次的——就在這樣的時刻現身於我們眼前。如果我們能順著這網絡的延伸看見其完整形式，我們當會見到其那坎抬頭瞥見巨輪時所見到的真相。我們每個人都是無垠織布的線絲，無從獲知這織布的範疇和圖案設計，但我們用奇異的方式彼此碰觸並相會於奇異的地點。

積極與消極的靈性方法

在綜結心理分析情境中的靈性經歷時，我要引用以賽亞·柏林（Isaiah Berlin）[3] 予以區分而為人傳誦的兩種自由：積極自由和消極自由。他說積極自由是「做……的自由」；它能使人運用自由去訓誨、形塑和改造他人。它以實際行動為特色，將結構從上而下加在他人身上，正如父母在形塑和影響兒童時、君王和總督在「改善人心」時所享有的自由。柏林發現，如運用在社會和文化上，積極自由會造成若干危險。喜歡運用這種自由的人會照著自己對自我實現、成長、生活改善的信念去積極教人如何過有意義的生活。他們是盧梭和浪漫主義[4] 的後人，最終卻成為現代世界某些最可怕的暴君、獨裁者和法西斯主義者。他們無不致力於改善社會、甚至人類，但他們的信念和他們使用的強權手段卻將不符其理想模式的人置於死地。反過來說，消極自由是「免於……的自由」，使個人不受外在強迫、威權思想（即使懷有善意）和行為警察的控制。要能做我們想做的事並自己決定何時以及如何做，消極自由是先決條件。它是免於暴政的自由，是被動、而非積極行動的自由。柏林也認為這種自由有其危險：它會導致唯我獨尊的個人主義和自我放縱。但他較喜歡這種自由，因為他覺得

3　譯註：以賽亞·柏林（1909-1997）是俄裔英國哲學家與史學思想家。其著名論文〈兩種自由概念〉Two Concepts of Liberty 發表於1958年。

4　譯註：盧梭（Jean-Jacques Rousseau, 1712-1778）為日內瓦哲學家，祖先為法國新教徒。其哲學思想的影響遍及西方啟蒙運動、十八世紀末西方浪漫主義、法國大革命、及現代政治學與教育學。

人大致上都能在混亂中為自己摸索出最正確的方向。

運用到靈性時，靈性傳統所教導的靈性——由於建立在教條信念和傳統習俗的基礎上——可說等同於積極自由。這種形式的靈性生命是依循規範進行的，因此其細節可以被教傳於人。即使其追隨者可能以不同程度的專注來追求靈性，但他們莫不分享同一套意象和經歷。積極靈性的極端形式就是瘋狂的基本教義主張，甚而是殉道者或恐怖份子的自我毀滅。相反的，相應於消極自由的靈性生命並不拘泥於規範，唯對未知抱持開放態度。它是個人的靈性經歷，建立在中國人稱為「無為」的心態上，任憑事情自行發生展現。因此它是被動的，而非積極主動的。在使用自由聯想並建議分析師保持中立態度和「無定向聆聽」（evenly-hovering attention）以面對病人的心靈內容時，佛洛伊德就是希望人能走進此種靈性經驗。榮格所使用的積極想像（active imagination）也是如此。

現今有許多心理治療形式都採用傳統的積極靈性方法。如果我們在心理治療領域把傳統靈性與認知式行為治療法（cognitive behavioral approach）結合起來，其結果便是一場程序井然的療程，而非一場冒險探索；僅專注於達成既定目標，而不相信驚奇意外和個人差異；先發制人而非反觀思索。心理分析則強烈傾向於採用相反的方法：敞開靈性並相信像風一樣任意往來的靈性動向不是人所能預見和控制的。無意識之靈必須不斷以清新形式昭示自己[5]。

---

5 譯註：作者在此句多次使用 spirit 這字，其中含有《聖經》典故：耶穌曾說聖靈（Holy Spirit）即風，無人能知它來自何方或往何處去。

這兩種靈性形式都有其價值及優點，也有其缺點。我們或許也可以把它們結合在某種治療方式裡，在開始時使用傳統形式，但在後續過程中容納新的方向。然而在榮格心理分析的情境中，開放接納的態度還是重於規範和處方。

　　作為探勘、發現和療癒的方法，心理分析要在陽光射進分析室的密窖時研究豹背上的紋路。在這開放式的靈性過程中，我們觀察非理性事物並關注那滲入我們生命、將我們連結於萬有、令我們至感驚奇的隱密網絡。心理分析是對上帝真言的持久思索，而上帝真言只在我們關注自性時昭然若揭。察覺那刻印在我們靈魂上的訊息才能治療我們的偏頗和精神官能症，但其最終療效則見於一顆無限感恩的心。

【第十章】　心靈宇宙圖

　　不管無意識的探險旅程有多刺激緊張，我們必須知道：在專注考察心靈意象和能量後，人可能會發現自己面對了一堆亂象（massa confusa）。這堆意象和記憶非常有可能轉化成新生命並帶來啟發，但目前還不具有任何可見的形式和圖案。因而找到架構來容納這些經驗、藉以顯示它們彼此的相關性以及它們與人之自覺意識的相關性，就成了必要的工作。我想我們都相當確信：人心最主要和普遍的一個功能就是創造秩序。有時候，這只是把一眼看去模糊或隱形的既有秩序發現出來，但在其他時候，就需要我們用分類歸檔的方式整出秩序來。

　　繪製系統圖就是這種需要及其隨後發生之認知活動共同導致的作為。宇宙系統圖似乎存在於不同類型和不同時代的所有文化中，而今我們則似乎需要取得人心深處共有的心靈宇宙圖。列維史特勞斯（Claude Lévi-Strauss）[1] 曾詼諧、有風度地道出這點：「這種對系統秩序的需求是我們眼中之野蠻人的思想基礎，但它必然也是一切思想的基礎」（Dubuisson, 2007；頁19）。只要人類是會思想的動物，他們就會尋求秩序，因此系統圖譜都具有普世意義。

　　當人困於壓力和混亂之時，建立秩序感特別顯得重要；此

1　譯註：列維史特勞斯（1908-2009）為法國著名人類學家，其結構主義論述指出野蠻人和文明人在基本思想模式上並無二致。

時人心會忙於用各種方法來尋找、甚至建立秩序感。這雖可能是混亂逼近時人心所產生的自衛機制，但也可能只是應付混亂的一個方法。有些人比其他人更擅長製圖，而且有些人似乎比其他人更需要秩序。但在重大危機時刻——無論是個人危機或集體危機——系統圖繪可以成為定向和圈範混亂的最佳利器。榮格約在一九一二年末到一九一八年期間曾遭遇這樣的危機；在這段內心騷擾、情緒混亂的時間裡，他創造出他最重要的個人曼陀羅以及心理類型（psychological types）理論；兩者都為他提供了疏理心靈的工具。這些都是心靈系統圖，除了對他具有個人意義外也適用於其他人。

系統圖所描繪的是某一個別領域的秩序形式：地理（大塊陸地）、天文（恆星與行星）、靈性世界（不可見世界）、或心理世界（情結、原型等心靈事物）。畫出某一領域之已知元素的系統圖會同時把該區域內種種事物的連屬關係描繪出來，每一個別事物會因此被涵蓋在更大的結構中並與其他所有事物相連起來。系統圖就這樣把容納和圈範個別事物的脈絡環境顯示了出來。在某種意義上，其那坎在巨輪異象中所察見的事物就是靈性世界的系統圖。

除了秩序感之外，系統圖也提供了兩個有助意識發揮功能的基本元素：定向和圈範。這一切對於我們在身體上、情感上和靈性上求取生存都至關緊要。

當然系統圖有很多種，其中之一是宇宙結構圖（cosmography；繪製全宇宙系統圖的學問便稱為宇宙結構學）。宇宙論學者（cosmologists）臆測宇宙的起源並提出理論；研究宇宙結構的人（cosmographers）則測繪宇宙系統圖。古代的宇宙結構學家

創造出高明的系統圖樣式，用以描繪已知、可見和為人所相信的整體宇宙結構。自有歷史記錄以來就出現的宇宙結構圖多在傳達地球、恆星、行星、人、神和其他靈性存有之間的相屬關係。它們慣常把人在宇宙之秩序架構中的地位標明出來。傳統宇宙結構圖結合了天文學、占星學、地理學、人類學和神學而成形，反映出人心在探尋宇宙秩序並為自己在更大宇宙場景中定位時所從事的架構活動。在宗教學學者丹尼爾‧杜畢松（Daniel Dubuisson）的定義中，宇宙結構圖是「人類在觀想多重宇宙時描繪出的『體系』、『作品』、和『藝術創造』，藉以把自己的個人生命刻記其中並因此找到生命意義」（Dubuisson, 2007；頁216；註8）。

人類意識已經行經了許多不同版本的宇宙結構圖。在古代和中古世紀，人類多少在想像中把自己定位於宇宙的中間位置上，位於上帝和動植物界及礦物界之間。這就是後來被人稱為「萬有之巨鏈」（the great chain of being）的架構，直到文藝復興時期仍是許多著述背後的既定信念。這樣的宇宙結構可說安排並劃定了不同存有的尊卑等級，人類可以從中找到自己的位置，並因此發現自己和神祇、天使、動物、男人、女人、統治者、被統治者等眾多存有之間的關係。這樣繪出的世界秩序圖顯然藏有社會和政治意識型態在其中。

來到榮格的時代、也就是十九世紀末和二十世紀初，我們迎面遇見全然換新的宇宙觀，其中地球與人類在宇宙中的地位、以及物質宇宙的歷史都與過去大大不同。地質學改變了人們對地球歷史的了解並淘汰了《聖經》的宇宙起源說；生物學和進化論全盤推翻了人在「萬有之巨鏈」中的位置；心理學和心理分析學重新繪製了人類的心靈宇宙圖，並把自我從原來的中心位置移開，

就像被太陽取代的地球不再是太陽系中心一樣。宇宙論在啟蒙運動發生前就已全然改觀，宇宙結構學有樣學樣，也跟著改變。宇宙系統圖不再包括靈性存有；實證科學已於此時掌控了人的世界觀，而神學和神話學從此被排除在人類思考之外。

由於人已不再把心靈內容投射於物質宇宙，心靈的內在世界如今需要有自己的系統圖。神話事物需要在心靈宇宙中、而非在物質宇宙的結構圖裡找到其位置。我們可以稱這些為心理結構圖，以對應於描繪物質宇宙的宇宙結構圖。內在和外在世界已經被隔開了，因而我們需要兩種不同類型的系統圖。榮格為他自己、最終也為心理學製作了好幾幅心靈世界圖。他追隨深度心理學家的發現以創造這些圖譜，就像宇宙結構圖的作者追隨宇宙論學者的發現一樣。

就像宇宙結構圖一樣，心靈結構圖把個別物件的相互關係顯示出來，並繪出「整體」──也就是心靈世界──的圖形。它們也為使用者提供了方向感和圈範意識，就如榮格在其心靈結構圖中把自己所發現的心靈物件結合起來並納入秩序架構中，藉以顯示這些物件的相互關係。在創造這些結構圖的時候，他運用了釐整事物的天賦，把內心經驗中的意象納入有序的圖形中，藉以創造出一個由彼此相連之心靈物件共組而成的體系。

榮格的〈多重世界之體系〉

我們從《榮格自傳：回憶‧夢‧省思》和《紅書》得知榮格是在一九一二年到一九一三年間跟佛洛伊德及其分析方法決裂之時和之後掉入徬徨和混亂心境的。在此期間的某一天，他決定追隨他所說的「深處性靈」去尋找那滿佈心靈意象、可怖勢力、

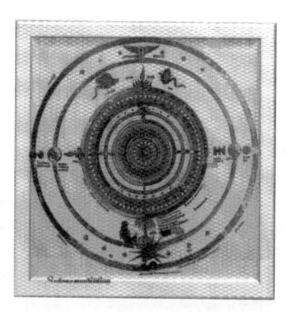

圖10.1　榮格的〈多重世界之體系〉

啟發性事物、和黑暗陰影的未知領域。憑著他的內向才能、智力
和他為這番探險所設計的工具「積極想像」，他試圖在迷宮中發
現出路。精采的《紅書》既是探險過程本身，也同時是最後成果
的紀錄。構成《紅書》敘事之本的主要內容是在一九一三年十一
月到一九一六年六月之間記錄下來的，繪圖則在一九一五年到
一九二九年之間插入書中。在這整段期間內，榮格也努力寫成本
書的次要內容，在主要內容外加入他的省思、詮釋及其他。他親
手用藝術書法寫出內文，建造了他定名為《新書》（*Liber Novus*）
的巨著[2]。

2　譯註：《新書》為《紅書》之副題，兩者無異。

從出版記錄來看，在這段時間的最初階段，由異象、夢和積極想像組成的寫作素材像巨浪一樣湧入榮格的意識中。之後他思索、詮釋、畫出這些素材，並整理自己的經歷。這整理成序的過程最後讓他約在一九一六年初畫下今天無人不曉、名為〈多重世界之體系〉（Systema mundi totius）的第一個曼陀羅（見圖10.1）。

榮格在這多彩對稱的曼陀羅中畫出他第一幅心靈結構圖。這細心建構起來的作品繪出他於前兩年間在內心世界發現的事物，並顯示個別事物間的相互關係以及它們與整體的關係。榮格把自己在那生命階段體會到的深層心靈圖示出來，畫出一幅原型結構及原型意象的系統圖。幾年後他談到這曼陀羅：「它顯示了大宇宙與其對立內容所含之小宇宙的對立內容」（Jung, 2009；頁364）。

更仔細觀看這幅心靈結構圖的細節時，我們有以下的發現

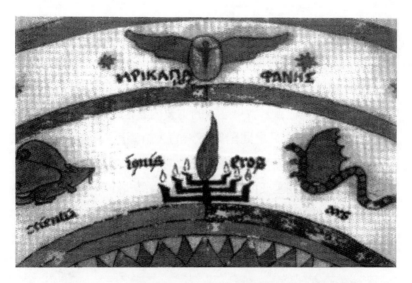

圖10.2 〈多重世界之體系〉上圖細部（位於圖之北方）

（見圖10.2）。

在頂端，我們發現四個一組的圖形：（一）愛力克佩阿斯（Erikapaios）或菲恩斯（Phanes）[3]，亦即蛋中男孩（蛋長了飛翼）；（二）有七道火焰的枝形燭台，其旁寫有火（ignis）和愛（eros）兩字；（三）藝術（ars），有飛翼的蛇或蚯蚓；（四）知識（scientia），也就是榮格在幽默中為牠加上翅膀的那隻老鼠。關於菲恩斯，榮格這麼說：「最上方的男孩（他站在長了翅膀的蛋中央）名為愛力克佩阿斯或菲恩斯，讓人想起奧斐斯眾神中的一個」（Jung, 2009；頁364）。

關於曼陀羅在這部分的另三個圖形，榮格寫說：其中有「一棵光樹，即標註為『火』與『愛』的七柱燭台，其光芒指向聖童[4]所在的靈性世界。藝術和知識也屬於這靈性領域；前者以長有翅膀的蛇為圖形，後者則以長有翅膀、但喜愛挖洞的老鼠為圖形。枝形燭台是根據靈數三的原理畫出來的（三柱火焰乘二，再加上中間的主焰）」（Jung, 2009；頁364）。

簡言之，曼陀羅這一部分所包含的心靈面向與靈性有關：崇高的嚮往及努力、知性能力及創造意義的能力、覺道的潛能。我們可以說這是高層次的自性。

在這宇宙結構圖的南極，我們看見一組與上部的北方圖形反差甚大的圖形（見圖10.3）。

3　譯註：Phanes為古希臘及泛希臘文化（Hellenism）中之奧斐斯教派（Orphism）所信仰的神祇，其名字意為「頭生子」，並有兩個別名：Erikapaios （力量）及Metis （思想）。

4　譯註：聖童原型（the divine child）在榮格原型理論中象徵自性之體現。

這裡有一個名叫俄布拉塞斯（Abraxas）的形物、一棵生命樹、一頭怪物（Ungeheuer）、一條幼蟲（Engerling）。關於這組圖形，榮格寫道：「他[5] 那位於深淵處的黑暗對比在此被稱做俄布拉塞斯，是物質世界的統治者（dominus mundi），也是本質矛盾的世界創造者。標註為『生命』（vita）的生命樹從他萌芽而生……俄布拉塞斯所據的低等世界以數字五為特色，那是血氣所生之人（natural man）[6] 的代表數（因其星座有二十五道光芒）。與之相伴的自然界動物分別是一個邪惡怪物和一條幼蟲，代表死亡和再生」（Jung, 2009；頁364）。

心靈結構圖的這一區代表萬物的自然物質面向及其生死循環。這一區的統治者名為俄布拉塞斯，對立於上方的愛力克佩阿斯／菲恩斯。這是低層次自性，是心靈範疇內以肉體和本能為主的區域，對上天無所嚮往，也不力圖提昇向上，反而唯地是賴並執著於物質世界。

這心靈結構圖的垂直軸線代表心靈兩極──靈性和本能──之間的張力。

水平軸線則代表另一組重要的心靈兩極：西與東。我們在地圖左方（或西方）看到幾個似乎位於一組行星軌道上的圖形（見圖10.4）。

關於心靈結構圖的這一區域，榮格寫道：「在左邊，我們看到一個代表身體或血氣的圓圈；一條蛇從那裡將頭身舉起，纏繞在喻意為生殖力的陰莖上。蛇身既暗且明，意指地球的黑暗區

5　譯註：指聖童。
6　譯註：《新約聖經》稱未經聖靈浸洗者為血氣所生之人。

靈性之旅 ├──

圖10.3　〈多重世界之體系〉下圖細部（位於圖之南方）

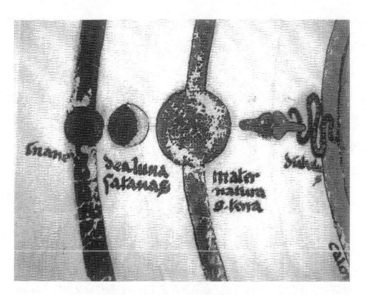

圖10.4　〈多重世界之體系〉圖左細部（位於圖之西方）

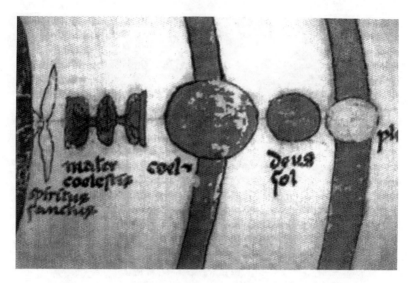

圖10.5　〈多重世界之體系〉圖右細部（位於圖之東方）

域、月亮以及空無，因此名為撒旦（Satanas）[7]」（Jung, 2009；頁364）。地圖的這一部分代表了心靈的陽性面向，具有道德矛盾性（既黑且白，並名為撒旦），但富有創造力，所嚮往的是曼陀羅下方的黑暗區——亦即屬地的本能生命。這左方把心靈拉向生命的原始本能，因此也把它拉向性慾之表達，且使它執著在物質世界裡。

在西方受南方吸引之際，東方反向移往北方（見圖10.5）。

我們在東方看到鴿子、酒斗[8]、諸天和太陽的圖形，它們都

7　譯註：在《聖經》中，撒旦是墮落的晨星或光明天使（Lucifer）。

8　譯註：作者原文為"chalice"，意為酒杯或聖杯，但榮格原文則稱之為"double beaker"，雙濾酒斗之意，其形狀與一般chalice並不一樣。

往外移向「完滿」。關於這一區，榮格寫道：「『豐盛完滿』的發光領域位於右邊。聖靈之鴿從『寒冷或上帝大愛』（frigus sive armor dei）的光圈展翅飛出，於是智慧（索菲亞）起升並從雙濾酒斗中把酒由左至右倒出——這個陰性領域屬於天上」（Jung, 2009；頁364）。

地圖右側受較高區域的吸引，傾向於光和靈性領域（其管轄者是對立於下方俄布拉塞斯的菲恩斯）。心靈結構圖的陰性右側對照於陽性和崇奉陽具的左側。正如榮格在寫於同時之〈致亡者七訓〉（Septem Sermones ad Mortuous）中藉費勒蒙（Philemon）之口所教誨的，陰性所流露的慾望具有靈性特質，陽性所流露的則屬於塵世和本能（Jung, 1963b；頁387）。榮格藉性慾之比喻用圖譜的水平軸線將本能和靈性之間的張力表達出來：前者向下傾往並用物質形式創造事物，後者朝上方的神靈和原型奮力前進並具有圈範功能。

在〈多重世界之體系〉這幅曼陀羅中，榮格用各式圖形整理並安排了他在積極想像中遭遇到、然後記載於《紅書》的各種能量和傾向，其中有：以利亞（代表「道」）和莎樂美（代表「愛慾」）、鳥靈和蛇靈、厄蒙尼阿斯（靈修隱士）和紅色人物（享樂追求者）[9]。

在曼陀羅的中央有一組依次以降的同心圓，圍繞著一個小星球（見圖10.6）

9　譯註：以利亞（Elijah）為舊約聖經中的先知；在新約聖經馬可和馬太福音的記載中，莎樂美（Salome）藉其曼妙舞姿鼓動其父猶太希律王迫害先知施洗約翰；厄蒙尼阿斯（Ammonius）為西元三世紀時的希臘哲學家。

關於這，榮格寫道：「有尖形光芒的較大圓圈在其領域內各有一個內部太陽。在這圈圈重複的大宇宙中，上圈和下圈互為映像。這些圓圈無限重複並愈加縮小後，最後來至最內的圓心，也就是真正的小宇宙」（Jung, 2009；頁364）。因此，曼陀羅告訴我們：每個小宇宙都與其上層的大宇宙交相映對，有其上必有其下、有其內必有其外。我們可以說，榮格早年試圖藉〈多重世界之體系〉把下列幾者的關係圖示出來：（一）個人暨其內心，（二）集體暨原型，（三）非屬個人和人類的終極本體。他希望藉此把個人意識連結到本體的終極結構那裡。

繪於一九一六年的〈多重世界之體系〉成為榮格後來在心靈題目上所做之思考和所創之理論的基本藍圖。它也是日後陸續被畫進《紅書》之曼陀羅中的第一幅。

圖10.6　〈多重世界之體系〉圖中央細部

靈性之旅

榮格的四元數圖

然而，榮格為心靈繪製系統圖的工作並未在《紅書》時期（一九一三年至一九三〇年）結束後就告終止。如我在《榮格的心靈地圖》（*Jung's Map of the Soul*）一書中所指出的，他的全套心理理論把他釐整事物和製作系統的心理特質表露無遺。在一九四〇年代末，他又開始忙著製作圖表，用以描述他的心靈概念。從表面看來，這些似是他研究諾斯底靈知論所導致的結果（Jung, 1950/1968；段347及以下），但我們可以確信它們跟他《紅書》時期的心靈結構圖有極密切關係（見圖10.7）。

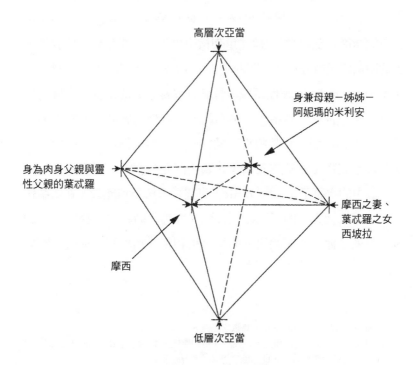

圖10.7　摩西四元數

例如，在〈摩西四元數〉[10] 圖表中，位於雙金字塔頂端的高層次亞當相當於〈多重世界之體系〉中的愛力克佩阿斯／菲恩斯，低層次亞當則相當於該體系底部的俄布拉塞斯。水平面的兩條內軸線呈現〈多重世界之體系〉所示的陰陽張力；但較為複雜的是，在此有兩組、四個人物——父女及姊弟——而非一組兩人。

〈摩西四元數〉後來被改名為〈神子四元數〉（the Anthropos Quaternio,[11] Jung, 1950/1968；頁231）。我們從圖表依次下看時可以發現幾個揭示人類之無意識與潛在層面的結構：陰影元數、天堂元數（Jung, 1950/1968；段374）以及礦石元數（Jung, 1950/1968；段377；見圖10.8）。

他然後把它們架疊起來，一個疊在另一個之上（Jung, 1950/1968；段390）。他在這架構中央畫了一條分界，分界線上方的兩個四元數分別為中間的『人』（Homo）和頂端為『神子』（Anthropos）的靈性領域。位於分界線下方的是物質領域（也就是〈多重世界之體系〉中俄布拉塞斯管轄的區域）。其中的天堂[12] 和礦物兩個四元數將垂直軸線向下延伸到物質世界的植物層次、甚至到物質的基本元素（在礦物四元數中），直到最後延伸到圖表中的次原子（subatomic）世界並分解為純能量。在這系統圖中，榮格把先前的曼陀羅延伸到《紅書》時期未曾探索過的領域，也就是他後來開始研究的煉金術和現代物理學。從這一點來

10　譯註：四元數（quaternion）為數學名詞。

11　譯註：Anthropos 為希臘文，在英譯《新約聖經》中被譯為"the Son of God"（神子）。在諾斯底教義中，此希臘字意為人類始祖亞當。

12　譯註：此處的天堂指伊甸園，即動物、植物、礦物等所在之自然世界。

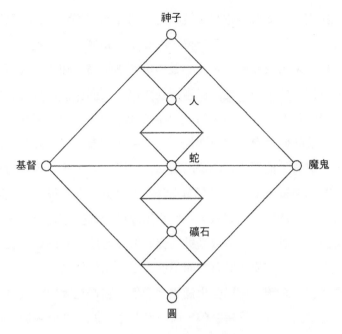

神子

人

蛇

基督　　　　　　　　　　　　　　魔鬼

礦石

圓

圖10.8　四個四元數

看，他在《紅書》時期後之所以多年投入煉金術的廣泛研究，應
該是為了探索俄布拉塞斯的世界，也就是煉金術師眼中的物質世
界及其統治之靈莫丘理阿斯（Mercurius）[13]。

13　譯註：Mercurius原為羅馬神話中的主神之一，取材於希臘神話中的Hermes，主
　　司「界線」和「轉化」，代表溝通和旅行，游移於神界和凡間，是凡人與神的
　　中介者，並引導死者進入地府。煉金術用此神名稱呼金屬水銀（mercury），認
　　為水銀是受困或隱藏於物質的世界創造者，其性質模稜兩可，可神可魔，是地
　　獄之火與振奮萬物的風、男與女、助人者與騙子，兼具並統合二元，因此是始
　　點與終點匯聚而成的完滿圓形。它既是形成世界的原始物質或原始石材（prima
　　material），也是煉金術致力追求的最終目標「賢者之石」（philosopher's
　　stone，或拉丁文 lapis philosophorum）、亦即或象徵不朽生命的黃金。 它既是
　　轉化過程，也是轉化之果。

我們可以從榮格繪製系統圖的一切作為中學到什麼？系統圖具有實際用途：引導、定方位、圈範未知領域。〈多重世界之體系〉和後來畫成的曼陀羅及心靈結構圖讓榮格能在無數觀察和經歷中找到方位，並將他的思考導往明確方向而使他最終建立分析心理學的基本概念。這不僅對中年時期的他、也對後來為心理學建構理論的他具有無比重要性。這些系統圖為他的假設提供了模式，也影響了他對心理治療的看法──因為曼陀羅呈現的對立事物雖彼此爭持不下，卻沒有發生分裂、壓抑、向外投射以及其他自衛作為。為能得到完整，我們必須以充分知覺來經歷曼陀羅的一切面向，以預防那導致精神衝突的偏頗心態──例如，靈性有餘而本能不足，或本能有餘而靈性不足。由於能讓人看見心靈的整體狀況，系統圖可以強化個體化過程。它們也因此讓人更可能透過覺知去獲得並維持完整，而不至為了順應外在社會與內在自戀情結的壓力去否認某些自我面向。心靈結構圖把覺知帶來完整的過程圖示出來，同時也激勵這過程，因此具有療效。它們可以協助心理治療師調整思考方向和改變其對「完整」的看法，而不至於僅想局部解決立即問題。簡言之，這些結構圖可以為「關注自性」的工作提供莫大助力。

【第十一章】 與深處性靈相遇的轉化經歷

　　時至今日我們還談論靈啟經驗，這可有道理？有的，只要我們把傳統的宗教心和靈性態度清楚區隔開來。在整個現代時期，思想家們都推測人類已經進展到不再需要宗教了。他們的意思是：人類已經進展到不會再像小孩一樣把教會當成父母，也不會再為生命之謎祈求任何神奇答案和解釋──整體說來，也就是不會再祈求「靈性」。在現代意識主宰文化和社會的情況下，談論超越實體或靈性經歷的人都會招來懷疑眼光。現代世界起始於十六世紀抗議教徒發起的宗教改革。在摒棄天主教教會和其神職人員所給予的安全保障後，這宗教改革到啟蒙運動時達到顛峰──該運動導發的法國大革命就尊奉理性為女神並完全拋卻宗教信仰，認為它不可能提供任何可驗證的知識。在理性和科學的世界觀主導歐洲文化後，許多知識分子都開始認定：即使在廣大群眾的身上，宗教信仰都將逐漸失去其影響力並最終消失於無有。科學最終將能用具體和物質形式來解釋宗教曾試圖用神話和神學所解釋的事情。至於目前科學無法解釋的事，就讓它成為未來的研究題目，要不然就宣稱它是無稽之談、沒有任何價值或可能的

1　譯註：本處原文為"initiation"，中文一般譯為入會儀式或入門儀式。為承接本章文意，譯者在此將之譯為「轉化經歷」，即跨過一個門限而進入新人生境界之意。在作者筆下，與深處性靈相遇的靈啟經驗雖然為時僅短暫瞬間，但與成年禮或婚禮同是人生轉化儀式，雖本質大不相同。

答案。亞里斯多德所說的「內在神性」（something within……that is divine）未來將會被人們在一組可被測量和被攝像的神經元中找到，否則也會像所有神話一樣從人間蒸發消失。科學邏輯將會把神話完全排出門外。當神話失去必要性後，人類就將自由自在地過著純理性、完全腳踏實地的生活，無需再遙想物性世界（也就是科學所知和消費主義所歌頌的世界）以外的事情。

社會科學家、歷史學家和哲學家也採納了這種思維。現代世界終於創造出一種無法逆轉、完全可辯證、不再依賴或需要神話和象徵的意識形式。現代意識對「超越本體」的意象毫無興趣，也不受其指引；由於認定實體世界以物質為本，它只接受這認定所衍生之實用、理性和功能至上觀的指引。對神話和神學做出有力的解釋和取得理性的了解後，心理學和其他社會科學也已盡除了這兩者的象徵價值，並用科學知識取代了神話故事。如果更偉大的生命意義必須來自神話和象徵，那麼人類只好在悲悼意義已逝之餘繼續前進而不依賴意義。在不久的未來，人類對靈視和形上意義的渴望將全然消失，取而代之的會是由娛樂界、科技產品和藥物之刺激引誘所散播的快樂感。人們將把靈性忘得一乾二淨，因此與心靈有關的轉化儀式將成為歷史遺物，充其量只有同濟會[2] 和私人俱樂部的會員還會言不由衷地舉行類似儀式，一般俗世則根本不會認為它有什麼了不起。或者，萬一靈啟經驗還是無意間發生了，那麼這經驗不是被診斷為一種病態，就是被視為心理退行（psychological regression）──當事人意圖回到童年時期或

2　譯註：同濟會（Freemasonry）在台灣亦稱美生會，最初為西方建築石匠（masons）所組成的工會，後發展成社會菁英的祕密兄弟會，屬於封閉社團型態，其入會儀式極為神祕。

象徵還吸引人心之時的早年意識狀態中。對那些已經進化到現代意識的人來講，靈啟經驗不過是過時、先現代時期的遺物罷了，或者僅代表了虛幻意識或捉弄人的把戲而已。

榮格察覺現代世界沒有靈魂

如果這都是真的，那麼理性顯然已把原型心靈轉化成社會可接受的形式，而今天世界僅存的神話和象徵只不過是已不存在之過去事物的文學記憶罷了。擺脫了嚴肅兮兮的神話和象徵之後，現代人可以輕鬆把玩古代神聖經典中的故事和意象，只是這些經典在今人心靈深處再也無法引起共鳴而導致信念。我們從過去接收了集體記憶，卻沒有接收靈魂。文化不再以靈性、而轉以物質為其根基；個人必須自作調整，否則會被排擠到邊緣去。

令人訝異的是，榮格在敘述他一九一三年的個人危機時就已對這種心態提出回應。正由於他察覺到現代世界沒有靈魂，他開始拋下時代性靈而去追隨深處性靈，其成果就是《紅書》的寫成。除了榮格之外，近來的社會學家（如彼得‧薄格〔Peter Berger〕）和神學家（如哈維‧寇克斯〔Harvey Cox〕）也都曾指出：形上意義的問題以及各種答案在二十世紀依然不斷出現，而且竟然出現在《俗世之城》[3] 這種讓人甚感意外的地方。但這些由現代和後現代提出的問題及答案並沒有明講自己與象徵有關；原型反而以不同以往而難以解釋的徵兆重返這世界。例如榮格就曾臆測：一九五〇年代在世界各地出現的飛碟就是一個徵兆，表示

3　譯註：《俗世之城》（*The Secular City*）是神學家哈維‧寇克斯於一九六五年出版的暢銷名著，探討基督教在去除宗教之世界中應扮演的角色。

新的神話正在成形，因此也表示現代人正用新的方式來表達超越
（Jung, 1958/1964a）。

此外，儘管現代社會橫加阻撓，人們仍繼續經歷靈性轉化，
在心理方面尤其如此。與從前不同的是，這現象並不必然意謂
超自然界的突圍。現代人參與這事的目的乃在為自己的心理成長
尋找機會，以便向前投入更寬廣的意識中。在這樣的嬗變中，現
代思維把超自然界轉移到心理領域內。靈知（gnosis）變成一種
具有內在信念和洞見的心理狀態，不需假借超自然以證明它為真
實。我們不能說自然發生的靈知就是了解實體本質的絕對知識，
只能說：它是一種自我了解和一種確信，預告新而更寬廣的心理
自我即將產生。它也未必發生於人有明顯需要或因不安而放聲呼
求生命終極意義與答案的時刻。在沒有明顯需要或未受刺激的情
況下，心靈很可能自然而然地獻上靈知。如是這種情況，一個長
期以來被文化壓抑於無意識中的問題很可能獲得解答。現代思想
家也許說的沒有錯：今天的人類只是沒遇到需要尋求意義的狀
況，但即使如此，他們也有與超越經驗不期而遇的可能──如馬
克·史川德（Mark Strand）[4] 在〈我的名字〉（My Name, Strand,
2005）詩中所描述的。人會因此嚇一大跳並在震驚中領受無意識
所發動的靈啟經驗。

我在閱讀馬克·史川德的詩時，想起自己年輕時經歷到的一
件事情，當時我正苦於不知如何為自己選擇未來的專業。有天下
午，才低頭打算小睡一下的時候，我突然清楚聽見有人低喚我的
名字。我立即坐起，想找說話者，但四周什麼人也沒有。那給了

4　譯註：馬克·史川德（1934-2014）為美國著名詩人、散文作家及翻譯者。

我一種非常奇特的感覺。當平常熟悉的世界似乎正循已知的意識軌道平順前進、卻突遭打斷時，人因震驚而顫慄的感覺在馬克・史川德的詩裡完全表露了出來：「……有剎那時間我覺得／佈滿群星的浩瀚天空為我所有，而且我聽見／自己的名字，彷如生平第一次……」（Strand, 2005）。他說，有人「輕而遙遙地」呼喚他名字，而這聲音來自「無聲」之所在。這些詩句用詩情描述了一次突現的靈性體驗。在今天，這種經歷常會遭人誤解或被人當成是需要治療的精神病徵。

現代世界不太能接受遙遠彼方傳來的話語。但深度心理學卻知道這些話語乃是無意識發出的訊息，能對個人生命產生重大影響。它們也許就是進入深處性靈的信號，並可發起聖召經驗[5]。原型自性正親自傳達這聖召的要旨；從曼陀羅中心發出的聲音正在呼喚人的名字。

這種神對人說話的經歷在宗教傳統中極為常見，例如《聖經》就充滿了這類故事：耶和華在西乃山上燃燒的荊棘中對摩西說話、雅各整晚與上帝派來的天使角力、撒母耳年幼時三次在晚上聽見有人呼喚他的名字、耶穌在約旦河接受約翰為他施洗時聽見天上傳來話語而不見說話者。在這奇特剎那之後，一個突現的靈性經驗能否持久而帶來自我的根本變化以及新的天職認知，這有賴於個人對那信息的接受度以及後來繼續發生的情事。《聖經》中的重要人物確實都在靈啟經驗之後完全改變了身分：雅各被晚間那位神祕對手重新命名為以色列，並自此朝著命定之途前

5　譯註：Vocation 一字原意為上帝之呼召、聖召（calling），現今多指符合個人天賦能力的專業、職業、或作為，也就是天職。

去建立一個與自己同名的民族；怯懦的摩西接受了耶和華的神聖託付，英勇帶領希伯來人跋涉前往應許之地；撒母耳成為以色列的先知；耶穌以自己與上帝如一的深刻感受為出發點背負起聖牧者的使命。

靈啟經驗把人誘引到新的意識之中，而這新的意識解答了自我認知方面的所有惶惑，進而使人能夠採取有意義的行動。相較於由社會主導、目的在獲得社會認可的各種轉化儀式——受洗、猶太成年禮、婚姻等——靈啟經驗並不會讓人明白自己在社會中該扮演的角色和擁有的位置，卻能讓人覺悟自己為何而生、以及自己獨特的生命註定要走什麼路途。在這經驗中，被解的疑惑不是「我是誰？」、「別人怎麼稱呼我？」或者「我在群體中佔有什麼位置？」，而是「在神的看法中，我的生命意義為何？」、「我註定該走什麼樣的人生道路？」靈啟經驗的結果就是感知到超越本體並獲得「靈知」——即一種發萌於原型世界的知識，與理性無關，但與思索之心有關[6]，源生於亞里斯多德所稱的「內在神性」，因而參與永恆。

不請自來的靈知經驗

深度心理學——現代世界怎會生下這奇怪的孩子，實在令人不解——最重要的一個發現就是：原型意象、原型觀念和原型經歷隨時隨地都有出現的可能，完全自發、無法用人的意志加以使喚、也不因人的懇求而來到。我們無法將它們從意識生命抹除，

6　譯註：本處原文為 noetic，作者並指出這形容詞出自希臘文 nous，也就是英文 mind 一字。

因它們密織於人類的生命織布裡。它們也許會遭到非全面或一時的壓抑，但文化的偏頗和偏見並無法泯除它們。關於這點，其中並無任何超自然因素使之如此。當榮格用謹慎而科學的謙虛態度寫下「如果我對這些發現（即無意識思考方面的發現）有任何貢獻，那是因為我曾指出：原型不僅經由傳統、語言和人類遷徙而散佈，也會隨時隨地、在不受外力支使下自然重現」（Jung, 1938/1954；段153）這些話時，他與阿道夫・巴斯丁（Adolf Bastian）、亨利・胡伯（Henri Hubert）、馬賽爾・毛斯（Marcel Mauss）、艾米爾・杜爾凱姆（Émile Durkheim）[7] 這些現代思想家可說站在同一陣線上。事實上，在現代人已脫離宗教傳統的情況下，他鉅細靡遺地把導致現代人靈性成長的原型經歷展示出來，並稱之為個體化過程。他在幾個曾從他和其他人接受分析的名人身上取得他們的夢和異象後給予廣泛評註，並用詳細圖示一步一步將這靈性成長過程鋪陳開來。這些個案故事顯示了不計其數的靈啟事件，但幾乎都與超自然世界無關。重點是：這些人無論從什麼角度來看都是現代人無誤，但他們還是領受了無比深刻並豐富的靈知經驗。在榮格看來，心靈實體並不會受集體意識之心態和立場的影響而對之屈從歸順或削足適應，不管這集體意識是現代的、還是其他環境的產物。在現代文化情境裡——就像在其他任何文化情境一樣——心靈依然無拘無束地獻出令人驚訝的

7　譯註：阿道夫・巴斯丁（1826-1905）為德國學者、現代民族學與人類學研究的先驅，其「人類心靈一致性」概念是榮格「集體無意識」概念的起源。亨利・胡伯（1872-1927）為法國考古學家暨社會學家；馬賽爾・毛斯（1872-1950）為法國人類學家暨社會學家。兩人曾多次合作著述，並共事於艾米爾・杜爾凱姆（1858-1917）所創辦之法國著名〈社會學年報〉期刊。艾米爾・杜爾凱姆為現代社會學之父，並與馬克思及韋伯（Max Weber）共為現代社會科學之草創者。

啟示。對那些被榮格論及其個體化過程的人來講，分析療程為他們提供了遇見深處性靈的場合，也提供了環境、使這相遇經驗得以延伸並深化成全然的靈性成長。分析療程是他們學會關注自性的所在。

　　無論從心理學或形上學的角度來看，個體化過程是按層次或階段進行的，但不是規律或線型的層次階段，而是突發、急遽、截然分明的。在下面這個早晨醒來、還記得所做之夢的現代女人身上，我們看到更深層次的靈知經驗及與之相配的自我認知是如何出人意表地自然降臨：

　　　　我走在一個有遮棚、頗具「建築風格」的通道上，在我左邊有很高的天花板和高大柱子，右邊的牆上則嵌有許多沒標記的門。那是一個紀念性建築物的空間，建材全是灰石。我看不到任何人，門都緊閉著，門後一點動靜也沒有。我在尋找心理學研究院。這空間讓人覺得自己位在另一世界裡。我看到一扇打開的門，便走進一個房間。裡面有各種國籍的人，有些是中國人。一個穿白衣、看來我認識的男人用公事公辦的口吻說：「你來這裡的原因是想知道自己為何要生於世上。」他指著一張我將躺在上面的床，並在床的表面塗上透明凝膠。我躺在床上，身上蓋了一條毯子。他將我的頭略往右轉，這時有液體從我的耳朵流了出來。我問他那是什麼，他說那是造成我關節發炎的原因。稍後我們走入第二個房間，我坐在一張椅子上。再後來，我又站在另一個房間裡，有許多穿白衣的人排成一行並一個接一個站到我的面前。我被吩咐要深深注視他

們的眼睛，以判定他們的意識位置以及他們自認是誰，然後我還必須繼續往深處看去，直到看見他們的靈魂。我的工作是把人和他們的靈魂連結起來。我和每個人都只短暫互望了一眼，然後就輪到下面一個人。這工作就這樣完成了。現在我了解自己為什麼要生在世上：我要把人和他們的靈魂連結起來。

就像一般的夢，這夢不經懇求或邀請就自行來到。它具有典型靈啟經驗的形式。首先，當事人覺得自己被帶離一般社會生活，進入了一個聖所、一個神聖安全的所在（紀念性建築物就有這含意）。這最初的移位為轉化儀式——其中包括療癒儀式以及之後當事人在中介房間或坐或等的閾限處境[8]——搭好舞台。走過過程中的這一階段後，當事人帶著新的自我認知和使命意識——簡言之，就是聖召——回到社會。在這夢發生前，這女人已從長年的心理治療師生涯退休下來。因此，這夢顯然並不意味她想轉型到另一種社會或專業身分、另一種人格面具，卻意味了靈性轉化、讓她從中了解自己一生的工作有何更深意義：那工作將轉化為一種不附著於特定工作或專業的天職使命。她在做夢前的那段時間不曾尋找過意義，但意義還是出現在她眼前。身為現代人的她不屬於任何宗教團體、不相信論及神或超自然的基督教信條（Creedal Statements）、也未處於任何存在危機而企望終極意義能給予「答案」。如果有任何存在焦慮的話，她對之可說一無所

8　譯註：閾限（liminality）是人類學名詞，意指：在靈性儀式進行之中程，參與者既失去儀式前的舊身分、也未達儀式完成時的新身分，因而位於曖昧處境而不知所措。

覺。她當時或許會說自己早就不跟意義打交道了，但顯然的，意義並沒有因此不跟她打交道。在現代心靈中，靈啟經驗一般都是不告而至；人不需刻意要求或在預期心理中為之做任何準備。它之所以來到是因為它必須來到。

這種經驗有時會引起過度焦慮而把人嚇得去尋求心理治療。在現代社會裡，大家耳熟能詳而且已成陳腔爛調的「中年危機」就是一個例子。這危機能夠、而且通常也確實把人引進可以產生深刻心理轉化的人生階段——只要人能用這樣的認知來接受它，這危機可以成為靈性轉機。我們必須知道：靈啟經驗是以原型經歷為根本，而且發起於遠在自我意識範疇之外的各種原型能量，因此它動用不到人的社會意圖或人為操作。人也沒必要把它說得一清二楚或弄得眾人皆知。事實上，在現代，這種轉化經歷一般都缺少正式形式、不在人的想望之中、甚至有時表面看來還頗為病態。它常常偽裝成不明原因或頑強難治的憂鬱症，而接下來發生的轉化過程是在分析師的診療室裡展開及完成的。約瑟夫・韓德生（Joseph Henderson）在他的經典之作《轉化過程中的閾限》（*Thresholds of Initiation*, 2005）中就記錄了幾則這樣的案例。

榮格住家入口的石頭門楣上刻有拉丁文Vocatus atque non vocatus deus aderit，意為「無論人是否呼喚祂，神（也就是深處性靈）都會來到」。這句話可以作為提醒，讓我們時時知道：我們隨時隨地都會意外地走進深處性靈之所在。我們不需旅行到世界遙遠的角落、在奇特的落後部族中尋找這經驗。「它說：是的，神會來此，但會用什麼形式並有什麼目的？我把下面的銘言擺上，以提醒我的病人和我自己：敬畏神是智慧的開端（Timor dei initium sapientiae）」（Jung, 1975；頁611）。

　　　　　　　　　　　　　　　　　　靈性之旅 ├──

【第十二章】　人性中的暗影怪獸

　　人類有個非常醒目的奇異特質：他們在某一時刻可以顯得靈性清越，在另一時刻卻中邪到無以自拔。個人和群眾都是如此。我們是怎麼了？如果原型意象能把我們提昇到崇高的靈性領域，它們也能把我們投入邪惡及毀滅的深淵。我們可以在〈多重世界之體系〉圖像中發現心靈包羅了各種動能。魯道夫・奧圖（Rudolph Otto）在《論神聖》中也承認靈啟經驗有其黑暗面向。這就是為什麼他會在世上各種宗教經驗的記載中發現「顫慄」和「恐懼」這些字眼（Otto, 1950；頁15-19）。身為精神病醫師，榮格對於無意識的毀滅力量具有職業敏感度，而且也很痛苦地覺察到：靈啟經驗很有可能以負面形式發生在個人生命和組織嚴密的群體（如部落或民族）之中。即使經歷原型動能對於自我連結於自性的過程是不可或缺的，它們仍可能大肆擾亂意識。

　　在《榮格自傳：回憶・夢・省思》中，榮格特別論及靈性觀念及意象如何扭曲認知。「心靈一旦由於處於靈啟經驗而猛烈震盪時，個人用來繫身的那根細線就隨時都有被扯斷的危險。如果發生了這種事，有人會因此滾向絕對的肯定，但也有人會因此滾向同樣絕對的否定……人心的鐘擺搖晃於理智與瘋狂之間，而非是與非之間。靈啟經驗之所以危險是因為它把人誘往極端，因而一個需要慎信的真理會被人當成絕對真理、一個小失誤會被人視為致命錯誤」（Jung, 1963a；頁151）。在這精采段落中，他也

想起自己在早年精神分析生涯中與佛洛伊德相見的情景——他發現這位良師益友表現出強烈的防衛反應：「在我跟佛洛伊德的談話中，他看來很怕自己用以取得性慾見解的乍現靈光會被『黑色泥水』熄滅掉。因此那靈光乍現的時刻應該具有神話中光明與黑暗對戰的場景。那解釋了為何他的洞見具有靈啟經驗的性質，以及他為何馬上掉頭抱著自己的教條不放、把它當成宗教來防護自己」（Jung, 1963a；頁151）。榮格的結論是：佛洛伊德在性慾方面的靈性洞見反而扭曲了他正常的清晰思辨能力。無意識的屬靈內容把思考磁吸到另一個運行軌道，使後者淪為巧妙的強辯——無論這強辯有多精采和令人佩服。

靈啟經驗可能把人誘往極端

這種情況在絕對相信某種宗教教義的人身上相當常見。在充滿靈性和信仰的狀況下，他們的思考多半不自覺地受到某龐大原型意象的扭曲，以致他們最重視的觀念被賦予了優勝一切的氣勢並成為無可置疑的教條，然後被用來當做堡壘以嚇阻那些與之對立且具威脅性、意在抗衡或阻撓它的意象及觀念。你在狂熱份子的臉上就可以看到這。再走前一小步的話，你也會在甘之如飴的烈士或殉道者臉上看到——他們的信念以及他們對原型觀念的認同如此趨於極端，以至連生命本身都失去了意義。很顯然的，這種意識發展完全悖離了個體化的進行——後者的目的本在使靈性內容盡可能進入意識，以轉化和整合它們，並使它們與其他相當不同的自性面向建立關係而取得相對意義。

在一九三六年一篇討論日耳曼主神佛登（Wotan）的論文中，榮格也把這批判的矛頭對準國家政治。他在文中以心理學方法分

析當時撕裂德國和中歐文化、由人為操作造成的政治與社會騷動（Jung, 1936/1964）。榮格認為：在這事情上，從無意識浮現而意義匯聚的神話意象佛登已將其勢力範圍擴至舉國民眾的心靈，並驅使德國步向當時還屬未知、但必將由瘋狂招致的結局。恰與其批評者所說的相反，在說到這神話意象從無意識浮現於德國文化時，榮格並非無中生有。所有報紙都提到佛登，而當時某些德國宗教團體甚至堂而皇之地敬奉祂。這原型意象暨神靈所具的說服力也讓人免於為自己的罪行承擔罪惡感，因為再怎麼令人髮指的事都可以取得合理的辯解。當原型掌控集體心靈時，某些觀念和政策就能取得絕對正當性而不容爭論懷疑，但對立的思想和意象隨即就遭到殘酷的打壓。這就是當時德國人的集體心態。反思、質疑、嚴肅辯論的空間蕩然無存，更不用說相反的政治或社會觀點。由原型建立起來的信念看來阻斷了流向大腦新皮質[1] 的血液，卻用大火燃起情感。古老的爬蟲類大腦和大腦邊緣系統趁機接管並發號司令，到處搜尋替罪羔羊並用凶殘手段堆疊其屍體，為毀滅之火添加燃料。

當第三帝國[2] 的最後一場戲落幕後、當其演戲的劇場在實質上和精神上都淪為廢墟時，那片土地上就再也沒有人對神話和象徵還有胃口了。之前的集體心靈曾塞滿靈性意念，卻只帶來一片荒蕪。因此神話和象徵不再被視為文化的選項，卻由反諷（irony）[3] 和理性控制了文化。也許這是種自我防衛反應，但也代表了回

1　譯註：美國神經科學家Paul MacLean（1913-2007）將人類大腦根據不同演化進程分為爬蟲類大腦（reptilian brain）、大腦邊緣系統（limbic system）和大腦新皮質（neocortex）三區。最後演化而成的大腦新皮質司掌較高層次的腦部功能。

2　譯註：指納粹德國。

3　譯註：「反諷」指的是一種不帶確信、自我質疑的思考方式。

歸理智的意圖。然而，這卻孕育出頑固而挑釁、斷然排斥宗教想像力的現代精神——原因是宗教想像力必須訴求於超越並與靈性世界保持關係。在這人心疲憊的文化氛圍裡，與神話有關的題目無不引起深度疑懼和痛苦記憶。我們很可以了解這種 「一朝被蛇咬，十年怕井繩」的心理。神話從此被淘汰出局。

當人們對原型觀念及意象所引起的狂熱至感厭倦時，榮格心理學和榮格在夢之解析方面所持的經典觀點——也就是他認為夢應該用擴大對照法（amplification）[4] 和積極想像法來加以詮釋——自然而然也飽受猜疑。這些方法令人不安的原因是它們讓神話和象徵所具有的禁忌能量又歷歷重現於人的心目中。顯而易見的，人們已無法了解靈啟經驗可以指向超越，也不知道每個人都具有靈魂、能在完全自然的方式下連結於靈性世界而不致於倒向瘋狂。在當代德國藝術中，這樣的連結已經輕手輕腳地再度出現於安桑・紀弗（Anselm Kiefer）、傑哈特・利克特（Gerhard Richter）和席格馬・波克（Sigmar Polke）的象徵主義畫作以及溫・范德斯（Wim Wenders）的電影中。在他們的作品裡，「超越」的訊號透過當代生活的破爛織布閃爍發光。

然而我們必須說：頗具反諷意味的是，當西方靈性歷史在未來寫出時，德國納粹發動的猶太人大屠殺將有可能被人看成是二十世紀最重要的靈性事件。用長期觀點來看西方靈性歷史的話，那是跟耶穌釘十字架具有同等重大意義的歷史時刻。未來任

4　譯註：除了協助病人將所做的夢連結於其生活、經歷及自我認知之外，分析師也需利用宗教、神話故事、童話故事、煉金術（或煉丹術）等等文化知識，藉其中相關的情節及意象找出病人夢象的豐富原型意涵，也就是將夢象納入集體無意識的範疇中。

何猶太教／基督教傳統的神學思想家在思考人性和神性問題時，都必須把這大屠殺事件置於其思考的中心，否則必會言不及義。在這大屠殺事件後，若不多方思考這一歷史關鍵時刻，我們就無從清楚而真切地探討現代世界中的西方靈性問題。這黑暗事件本身即把西方意識發展中的深層偏頗（和邪惡）置於光天化日之下。它所造成的重大集體苦難也要求每個人都必須無所推托地負起改變深層靈性和轉化意識的責任。

　　發生了什麼事？在文化發展似乎已達高水平的現代，邪惡大屠殺為何會發生？就像一道黑暗的閃電，這大屠殺照亮了隱密邪惡的陰影原型——儘管人在思想上獲得精進並在意識發展上取得成就，位於心靈深處的陰影原型仍有升起之時。在充分的靈性圈護及倫理圈護俱缺的狀況下，現代人隨時都面臨跌入深淵的危險。這是偏頗所導致的命運。當時宗教闕如的歐洲為根本之邪惡留下了空間，進而容許它鑽入並掌控集體人心。那出現在宗教所留空位的東西與榮格診察到的佛登屬性並不相同：後者較為溫和短暫並會隨時間平息軟化，而前者是榮格後來所稱的「絕對邪惡」（Jung, 1950/1968；段19），其狠暴遠遠超過嗜戰的佛登。

　　納粹的行徑彰顯了人性的一個弱點：眾人很容易受制於當時之宗教與道德架構所無法掌控的心理動能。整體而言，基督教教會和西方文明當時無力接受重大挑戰——也就是說，他們無力圈範集體心靈內的嫉妒、仇恨、報仇心等力量。儘管口口聲聲說「愛」與「憐憫」，宗教組織並沒有在試煉時刻擋下邪惡洪流。面對野蠻暴力和極端政治時，在現代化和俗世化的兩百年間早已衰微的宗教權威和宗教信念可說立即倒地不起。它們就像佛洛伊德在一九三九年逃到英國後所說：「如《聖經》所言，不過是

『折斷的蘆葦』」（Freud, 1939；頁 93）。

在沒有宗教組織和堅定倫理態度的圈範下，由於人無力對抗社會傳統表象下所存在的集體黑暗力量，挾帶無可節制之貪婪和支配慾望的原型陰影得以釋出而遍及世界各地。同理心和智慧退卻不見，其對立者則佔用了它們留下的真空地帶而上場開戰。這正是兩千年前諾斯底教徒用孤介之神喇達貝奧特（Yaldabaoth）之意象所指稱的一種心態。

智慧女神的傲慢後代

頗為反諷的是，根據諾斯底教派的經典《約翰祕本》（*The Apocryphon of John*），喇達貝奧特是智慧女神索菲亞的後人，也是超然本體（The Monad）——又稱「至高君王……（無可得見且超乎萬有之）唯一不朽者，其所在之純粹光明無眼能予直視」（Robinson, 1988，頁106）——流露所生之一長串靈性存有中的最後一個[5]。當靈性存有的巨鏈展開延伸時，其每一世代都有兩個靈性存有，成雙結合後生出存有巨鏈的下一環節。每一新世代都是由前一世代的兩個靈性存有合作所生。然而，這種合作形式到了索菲亞的世代突然發生了變化：她決定不與另一靈性存有商量、不需伴侶、並全靠自己來創造下一代。在一番努力之後，她創造了一個怪物孩子，也就是喇達貝奧特。她見到他時的反應讓我們想起希拉（Hera）[6] 在看見自己單性生殖的產物赫非斯特斯

5　譯註：作者在此使用之 archons（統治者）一字極可能是 aeons 一字之誤。在 Gnosticism 教義中，archons 為喇達貝奧特（Yaldabaoth）所創造，不是始初上帝流露所生的靈性存有（aeons）。

6　譯註：希拉（Hera）是希臘神話中天神宙斯的妻子。

（Hephaistos）和艾利茲（Ares）時的反應：

> 在她見到自己慾望所致之後果的那一剎那，它
>
> 變成了獅面蛇形之物；它的眼睛
>
> 像閃亮的雷電之火。她將它從身邊、
>
> 從那地方扔出，但願別的神不會
>
> 看到她在無知中創造的東西。
>
> 她用一片發光的雲
>
> 圍繞在它四周，並在雲中央
>
> 放置了一個王座；這樣，除了聖靈以外、
>
> 也就是被稱為生命之母的那一位，
>
> 誰也無法看見它。她接著
>
> 給他取名為喇達貝奧特。
>
> 他是從母親取得大能的第一位統治者。
>
> （Robinson, 1988；頁110）

　　喇達貝奧特然後用他從母親那裡偷來的力量把權能授與自己，並忙著利用這輾轉取得的權能去創造出一大群聽命於他的更次等存有。他在這事上展現了他最基本的特質：毫不妥協的權力慾和支配慾；他要受人服侍。在造出三百六十五個屬下後，他心滿意足地環顧四方，並宣稱自己是唯一的真神。於是他賦與自己崇高的尊位，如帝王般統治著自己所創造的次要統治者。另外，也許出於無知、也許意在挑戰，他不承認先他存在的所有統治者，包括他母親索菲亞，以及創造索菲亞而超越她、但不為他知悉的始初上帝。一切都始於他。

喇達貝奧特代表絕對孤立的意識；這種意識由於傲慢和自大而無法連結於自己的源頭。那位寫出《約翰祕本》這傑作的諾斯底教派作者識破了自我大肆自詡的絕對自主性，並揭發那其實是病態的自戀意識。除此之外，他還讓我們明白：這種自我之所以會產生是由於當事者與歷史及群體脫離了關係。

就其本身而言，這諾斯底式的批判徹底修改了當時及現在之一神教視為理所當然的認定。任何「其他眾神」和／或「眾女神」的想法都是錯覺，或者（說得更嚴重點）都是必須加以嚴懲的偶像崇拜。多元、完整、全面、本體之完滿、為母亦為父的上帝等概念受到猛烈責難。本體之完滿遭到割裂，其片面之面向繼而被安排在尊卑有秩的價值體系中，任何異議則被視為出自惡魔。在諾斯底教派的洞見中，喇達貝奧特就是一神教之偏狹教義得以成形的幕後推手。邊緣型兩極人格（borderline splitting）[7] 和自戀自大人格都是喇達貝奧特的標記。

諾斯底教徒在喇達貝奧特的身上看出他們本身文化特有的一種自我意識。今天我們在自己身上、在我們的病人和同胞身上也看到一模一樣的意識模式，也就是個人至上、偏愛操控、處處設防的自我意識。這種如此常見於當代生活和政治領域的意識模式就是以喇達貝奧特為藍圖建造起來的。諾斯底教徒在喇達貝奧特身上發現並命名的心理特質至今仍與我們同在，甚至有可能更甚於他們那時代。

榮格認為他自己和他的深度心理學是古代諾斯底教徒一脈相

7　譯註：指人以非黑即白、非對即錯、非愛即恨的方式思考及處世，是邊緣型人格失常（borderline personality disorder）的一個特徵。「邊緣」意指介於精神官能症與精神病之間。

傳的繼承者（Jung, 1938/1967），因而也繼承了他們對偏頗之利己主義和所謂之理性的嚴厲批判。寫完具有原創性和諾斯底精神的〈致亡者七訓〉（Jung, 1963a）後，他第一手弄懂了諾斯底教徒所體驗到的無意識心靈。分析心理學雖然大部分以榮格自己的內心經歷為本，但在看穿那些支配個人、社會與時代的心態並進而深探靈性及原型層次的問題時，它追隨了諾斯底教徒的精神。這樣做的結果是，它讓我們能用相對觀點來看待那被冠上絕對價值卻實質上孤立、分裂、愛製造分歧的自我意識。

　　但在同時，榮格的心理學理論和心理治療法並沒有把自我當成惡魔，反認為它是人格發展的自然產物以及個人身分的核心要素。因此榮格試圖把自我意識連結到其終極源頭或其存在基礎，也就是自性。正如諾斯底教徒在挑戰一神教時揭發一神教乃本於喇達貝奧特、一個非為最高層級的存有，榮格也向那說出「我是心靈之主、心靈宇宙唯一真神」的膨脹自我提出挑戰。分析心理學跟諾斯底教徒一起挑戰自我的至高權威，堅稱它不是它自身的存有基礎，因為它的存在乃繫乎另一個更偉大的權能。諾斯底教徒認為這更偉大的權能是喇達貝奧特的母親索菲亞以及她背後的更多靈性權能，而其終極就是為母亦為父的永恆上帝、總和萬有的本體（Pleroma）。在榮格的現代用語中，這就等於說自我必須靠心靈（索菲亞）而存在、是心靈的一部分（僅為其情結之一），但它存在的原始賜與者是自性（永恆上帝或萬有之本體）。由於具有更廣大的總和性和完整性，自性凌駕在自我、甚至心靈之上。

　　榮格能在現代的深度心理學和因晦澀而被束之高閣的古代諾斯底教義間找到可觀的關連性，能在諾斯底教徒艱深難入的文字

中發現與自己相通的經歷，並能看出他們的靈性探索跟自己深入心靈而做的研究幾無二致——這一切都得歸功於他的心理天賦。諾斯底文本所揭發的和榮格分析心理學所證明的就是：我們通常認定的自我之自主性、獨立性和操控能力其實都是幻想。如〈真理福音〉（The Gospel of Truth）[8] 就曾指出自我的虛幻特質：它住在濃霧般的自欺之中，自認獨立自主、自行存在而無起源、也不需假借任何外力。這文本讓我們看到自我在猛烈拒絕真相時不知自己必需依賴深處之非自我結構。像榮格一樣，它的作者也為這型意識生命的病狀（或「惡夢」）做出診斷。在自欺狀態中的自我因承受不了龐大的焦慮而開始具有侵略性，並活在嫉妒和絕望之中。這文本認為治療這病症的方法就是體驗一個可以把自我意識連結於自性的象徵。榮格的方法也是如此。

　　諾斯底教徒認為喇達貝奧特是這世界的君王並操縱世事的發展。難怪他們會違背基督教救贖與恩典的教義而不看好地球人類的未來，並因此被冠以悲觀主義之名。他們認為喇達貝奧特決定了人類的心靈內容；人類註定要困在自我之中，因為他們不得不建立個體自我。但特別在西方世界，這種「缺陷」反而被當成是跟珍奇花木一樣值得栽培的美德。顯而易見的是，諾斯底教徒對於人類情況的看法無疑是一份精確的人類心理評估，也是對所有時空之人類（但尤其這一世紀之西方人）普遍行為的批判。如果我們認為喇達貝奧特就是自我建構過程中的黑暗陰影，那麼諾斯底教徒對於人類普遍遭遇的邪惡和悲劇所做出的解釋就再合理也不過了。但陰影必然支配一切嗎？

8　譯註：諾斯底教徒遺世文本之一。

超越陰影的力量

　　榮格試圖超越這悲觀的人性分析。人格除了自我和其陰影外，還有別的面向。喇達貝奧特這原型是人類意識必然朝自戀之我發展的始作俑者和維繫者，但自我在其最核心深處有一面向是為自性所擁有，並能反映總和萬有的本體。用諾斯底教徒的譬喻來說，物質暗處必有火光，也就是救贖的可能。《約翰祕本》在說明人類如何被創造時敘述了一個複雜故事以證明這一點。人類始祖亞當是喇達貝奧特所創造的，但文本並沒有說後者照自己的形象造人，卻說他在一次啟示中見到超然本體後按照本體之形象造了人：

> 大統治者[9] 的整個靈形
>
> 都顫慄起來，深淵的地基也開始動搖。
>
> 至於位在物質上方的雲水[10]，其底面
>
> 在超然本體[11] 的形象顯現時大放光采。
>
> 大統治者和其下的統治者在觀看間
>
> 一眼望盡這大放光明的雲水底部；
>
> 透過光，他們看到水中的映像。
>
>
> 於是他對隨侍在側的眾統治者說：

9　譯註：指喇達貝奧特。

10　譯註：根據《約翰祕本》，無可名之的超然本體位於光明無比的雲水之中。喇達貝奧特藉其母親傳下的能力也在他所造的次級宇宙上方佈下相同雲水。

11　譯註：作者引用的原文在此為代名詞「他」。如從原文前一段來看，這個「他」指的是超然本體。為避免誤解，譯者在此直接用「超然本體」一詞。

「讓我們也來照上帝的形象

和我們自己的樣貌造一個人,那樣

他的形象就可以成為我們的光。」於是,

他們各自運用生來就被授與的

性質和能力開始造人;每位統治者

都把他在那形象之自然(形式)中

見到的一個特徵複製於這被造者身上。

他[12]於是照著始初之完人的形象

造了一個生命。他們說:「讓我們給他取名為

亞當,這樣他的名字能成為我們的光。」

(Robinson, 1988;頁113)

　　根據這裡的文字,絕對至上者的形象存在於人類自我的核心部分,而喇達貝奧特和他屬下在尋找指引和能量時與這絕對至上者發生了關係。以上帝形象被造的亞當也確實成為最不同凡響的受造之物,甚至遠遠超越喇達貝奧特和他三百六十五個屬下而使他們妒忌到發狂。為母亦為父的絕對至上者在某種程度上保護了亞當而使他不至受到喇達貝奧特的傷害。但亞當畢竟無法不受這世界君王的影響;如我們所知,他最終臣服於誘惑而忘卻了自己的神聖起源。但亞當天生就與神相似、甚至與之相同的事實仍然埋藏在自我意識之內。用榮格的話來說,這就是自我和自性的交會點。

　　榮格在其晚期之作《神聖合體》(*Mysterium Coniunctionis*,

12　譯註:指喇達貝奧特。

Jung, 1955/1963；段 130-32）中思考「自我」之問題時所持的觀點跟上述諾斯底教義的看法甚為相似。這使他對人性的樂觀看法帶上了謹慎色彩——雖然當他在重要關頭了解自我幻覺背後的強大心靈作用力以及造成自我惡夢的陰影之後，這謹慎的樂觀態度最終還是受到了嚴重影響。諾斯底教徒認為，如果不經歷一次具有說服力的啟發、並認知自己先前在萬有本體中具有原始統合力和完整性，人是無法逃脫喇達貝奧特的詭計和勢力的。這種認知在諾斯底教義中是由「光之使者」帶來的，而在榮格的經驗和其分析心理學理論中則由「完整」之象徵——曼陀羅、煉金術礦石、神祕的基督——帶來。諾斯底教義和榮格心理學兩者對於人類潛能都抱持謹慎的樂觀看法；換句話說，兩者對之都一方面抱持希望，一方面也深悉其真相。我們無法忽視或征服喇達貝奧特，但他的力量並不足以最終掌控人類命運。

如果問說什麼可以取代喇達貝奧特式的自戀意識型態，也許諾斯底教義、榮格、以及現代人的心靈經歷都會指出：用「連結之神話」（myth of connectedness）去取代它。但願我們也能從人類基因的任一絲演化跡象中找到這種說法的佐證。

人類文化自數千年前展開以來，今日已來到發展階段的末期，而其極致形式表現於當代政治、經濟、宗教和我們的意識態度中。它最珍貴的王冠寶石似乎就是理性和個人主義。「歷史」和「進步」的觀念原是希臘和希伯來思想的主題，如今對許多人來講則代表下列意義：人類勢將控制大自然及歷史之發展、凡事規模越大越好、成功繫乎自我能否操控一切、擴張恆是一種積極美德、獨一之神要比眾多之神可取。這些都是喇達貝奧特造成的心態，而他所代表的就是擴張意識和掌控意識——兩者俱為自戀

之我的基本要素。

　　無意識正在呼籲改變，而現代深度心理學對孤立的自我早已發動強力的批判。比起以往，我們從未如此看清自我的相對性和其原型撐力何其薄弱。最重要的新臨事件將是那可取代「分裂」和「控制」神話的「連結」神話。這神話乃建立在如下的認知上：所有人類族群都同屬一張關係網絡而被結合在多元的單一體系中。它要求我們容忍差異（即使容忍是無法想像的）並深切感知萬物的相互依存性。

　　現代人有足夠的智慧去有效地分析和反制喇達貝奧特的原型勢力嗎？我們最大的優勢是：我們已看見那遠遠超越自我及其作為的更偉大心靈。我們現在已經知道，這更偉大的心靈是以自性為其根本，而自性則伸手探向無限以及生命和萬物的終極神祕起源。

【第十三章】　倫理問題

　　倫理態度要求一個人深度關注他人、社群和自然世界。個體化過程可以跟這種態度配合嗎？個體化基本上不就是自私自戀的作為？喇達貝奧特在這事上不就是主導者——至少暗裡和大部分時間是如此？為了反駁這種意見，榮格一再重申：個體化不等於個人主義，而且個體化能讓人更參與世界和親近他人，而非與之更為疏離。但這問題還是揮之不去，仍需我們一再加以思考。

　　我們為個體化辯解並認為它事實上是種倫理行為的原因是：一個被整合而告完整的個人能夠促成他人、甚至整體人類和整個地球的健康和完整。這就是中國故事「造雨人」的寓意。我們從榮格許多學生那裡得知，榮格非常喜歡這個從他朋友、德國漢學家衛禮賢（Richard Wilhelm）那裡聽來的故事。衛禮賢對他說，他住在中國港口都市青島期間，那地區發生了長期旱災。鄉村土地乾裂的結果是農作物沒有收成，許多人因此遭受饑荒之苦。人們在絕望中採用了他們所知道的所有宗教儀式來祈雨：「天主教教徒舉行遊街活動，基督教教徒群起禱告，中國人燒香和拿槍射擊、想嚇跑帶來旱災的惡靈，但一切都起不了作用。最後中國人說：『我們要把造雨人找來』」（Jung, 1955/1963；頁419；註211）。

　　於是他們送信到中國另一地方，請求一個著名的造雨人來幫助他們。終於，「一個乾癟的老頭出現了。他只有一個要求：他

需要一個安靜的小屋。他把自己鎖在屋裡達三天之久，第四天時雲聚攏了過來，並在不該下雪的季節降下不尋常的厚重大雪。關於這神奇的造雨人，城裡開始傳出種種謠言。這使得衛禮賢跑去找這造雨人，問他是怎麼辦到的。」老人回答說：「在我住的地方，凡事都井然有序，這裡卻一團混亂，違背了老天爺的旨意。這地方可說背『道』而行，而我也因為到了一個脫序之邦而脫離了萬物的本然和諧。因此我必須等上三天才能把『道』找回來，然後雨就自然降下來了」（Jung, 1930-1945/1997；頁 333）。

就那麼簡單。這位賢者先整頓了自己，藉此讓周遭自然世界也回到類似的秩序狀態，繼而影響到天氣而帶來大家生存所需的東西——雨。個人在為自己創造出心靈秩序的同時，也能讓周遭世界在政治上和生態環境上進入和諧狀態。赫伯特・芬格萊特（Herbert Fingarette）[1] 在其著作《孔子：神聖的俗世》（*Confucius : The Secular as Sacred*）中引述《論語》的話來特別指出孔子視個人小我為社會大我之縮影的哲學：「無為而治者其舜也與？夫何為哉？恭己正南面而已矣」（Fingarette, 1972；頁4）。恭己正南面的君王儀姿足以化解社會和政治問題；換句話說，行為正確、內心平衡和諧的君主必能興邦。芬格萊特寫道：「其神奇處在於它總會帶來重大效應，而這些效應都是在無為中以奇妙方式產生，且具有令人無法抗拒的無形力量。『其身正，不令而行。』『君子之德風，小人之德草。草上之風，必偃。』『為政以德，譬如北辰，居其所而眾星拱之。』」（Fingarette, 1972；頁4）

1　譯註：赫伯特・芬格萊特（生於1921年）為美國哲學家。

　　　　　　　　　　　　　　　靈性之旅

個體化能為社會和自然界帶來和諧

衛禮賢的故事在告訴我們：個人（尤其與眾不同或已獲開悟的個人）有能力對外在世界產生或好或壞的影響，因為個人、社會和自然界都是單一實體中緊密相連的部分。柏拉圖也曾描繪過這種存在於個人、社會和宇宙間的和諧狀態：「柏拉圖《理想國》這樣的古代倫理學說告訴我們，理想社會中的有德者應是住在和諧有序的社會中、本身具有和諧心靈結構的個人，而那和諧社會又位居和諧宇宙之中。這種從上而下和從下而上的和諧讓人覺得生命具有意義而因此感到心安」（Lear, 2005；頁197）。衛禮賢的故事與此不同之處在於它含有一個神奇成分：個人能為社會和自然界帶來和諧。「神奇」應指共時發生之事，而非一種因果關係，因此在這平等關係中，自我是無法宣稱具有操控力的。我們因此可以這麼說：個人的個體化過程能夠正面影響周遭社會和自然界。由於個體化能促進整體福祉，它可說具有正面倫理價值。既然具有社會用途，從倫理學的目的論來看，它便是有益的（Frankena, 1973；頁14）。

這種觀點體認到個體化並非以與世隔絕為前提；個體化過程並非僅發生於封閉和孤立的個人人格內。如果個人私下關注自性而能整合心靈的固有兩極面向，他將也能強化周遭社會和自然界的秩序和完整性。相反地，如果個人屈服於內心之混亂而失去完整性並持續如此，那他也會對外在世界造成有害的影響。

因此，個體化具有極深的倫理意涵——因為這心理和靈性成長的過程會在更廣的人群和自然界中引發可與之對應的成長，而不僅止於個人。如果與社會和自然界不具有如此深固的連結，那麼我們只能說這種個體化僅在追求狹隘的個人利益和個人成就，

卻無益於、或甚至不利於社會和自然環境。如是這樣，這種自戀自縱的作為理當受到倫理觀點的質疑，因為一個從群體及世界獲得能量和資源的人竟然不能報之以有意義的事。既然個體化與外在世界息息相關，因此個體化和倫理在本質上是不相衝突的。它們具有深厚的和諧共存關係，其中一者可深化並強化另一者。

從以上那些教誨和故事中，我們或可下結論說：由於個體化過程必須盡可能在意識中與自性保持密切關係，它與最深意義的道德和倫理行動應能並行無礙；當個體化與倫理並行不悖時，個人就能同時在周遭社會和自然界中締造有益的效應。

然而，這說法真能成立嗎？這就要看共時經驗是否為理性所接受。共時經驗再怎麼說都是指無法用理性解釋的事件，但這會使個體化與倫理二者看來不具有確定的關連性。如說共時經驗所倚賴的是魔法或神的干預，現代人又會很難對之置以信心：我們能證明個體化對社會和自然界有益嗎？這主張可通過驗證嗎？在日常生活中必須努力處理個體化問題的人也常不及思考或看出他們在個體化過程中所做的抉擇是否總與道德無縫密合。如果他們的個體化最終證明對他人有益，這樣最好，但這並非不變的事實。實際上，個體化和道德這兩種關注似乎經常背道而馳：個體化必會要人面對不曾試行過的、非傳統的、以及純屬個人的選擇和責任，而道德則要求人仔細思量那些旨在促進集體福祉的社會規範和習俗。看來個體化和道德充其量僅維繫著互信不足的盟友關係。但它們實際上更常因為彼此看不順眼而發生直接衝突。經驗告訴我們：如果不掙脫集體道德和風俗的束縛，沒有任何個體化過程可以走得長遠。習於順應社會的人不具有個體化所需的人格特質。

靈性之旅 ⊢

姑且不論個體化同時符合廣大利益的說法，讓我們先來探討兩個問題。首先，道德敏感度對個體化過程具有極大重要性、還是它更常成為其阻礙？其次，個體化對於倫理及道德思維的演進發展發揮過任何影響力嗎？

　　首先我們必須知道：個體化和倫理思考兩者在其進階發展中都是開放且動態的過程，並非靜態或固定的程序。個體化在人的一生中透過無數抉擇和思索而開展，因此充滿了模稜兩可的情境、錯誤或讓人上當的路徑、以及對立的傾向。倫理生活也同樣不以跟隨社會或宗教規範為主，而重在從道德角度不斷用開放態度來思索個人行動。個體化和倫理思考都企圖在特定時空裡漸進體現個人的潛能。這兩種過程如何交遇、彼此挑戰、並可能相互強化？

　　個體化意指人漸進明白自己是誰或不是誰、是什麼或不是什麼，也就是認出自己獨特生命的全盤複雜性——這複雜性包括了個人從社會和文化領受的價值觀以及集體與個人心靈之原型因素對他的影響。這意謂人必須盡可能逐漸認識自己最廣最深的生命形式，也就是明白那包羅一切面向的曼陀羅。這與肯定自己用狹義解釋取得的身分、而後不顧一切來維護這身分大為不同。我們的身分內容有一大部分毫無獨特之處。大致上，個人是基因遺傳、從他人及文化吸收來的價值觀（introjections）、以及原型母題（archetypal motifs）共同組成的的存體。是意識奇蹟讓人發現自己原來是曼陀羅般的複雜組合。但這並非是空前絕後、因此可讓人自覺中獎而洋洋得意的奇蹟。應該說，人在一生中隨時都有可能經歷這種奇蹟。當個人更具備人生閱歷和更能覺察自性之完整時，這曼陀羅就會不規則地、在任意發生的洞見時刻向人顯

示。個體化即在試圖藉意識盡可能察覺更多複雜的人格面向和人格透過生活所流露的情結。只要活著，我們就會不斷發現和體現自性的新面向。

因此，如果沒有廣泛多樣的人生經歷，個體化就無從發生；它無法單靠內省和沉思人類的生命意義來取得進展。個體化要能發生，個人就必須過一種能將他許多（雖非全部）潛能（其中包括陰影傾向）汲取出來的生活，然後思索這些經歷並從中發現我們用以下名詞所稱的各種面向：人格面具、陰影、阿尼姆斯／阿妮瑪、情結、原型情節（archetypal patterns）[2] 與原型意象、以及居於中央並概括一切的自性。廚房哲學家喬‧古黛兒（Jo Coudert）[3] 在巧妙倒轉柏拉圖之警句時說：沒活過的生命是不值得檢視的。[4] 行動和思考同是個體化過程的必要條件。

擠進個體化歷程的倫理兩難

在這過程中，每跨出一重要腳步時，倫理問題都會用力擠進思考場域。個體化要人做出無數大大小小的決定；可曾有任何重要決定是與倫理議題和倫理的兩難選擇不相干的？公平、公正、關心他人的需要、家庭和社會責任、職場責任——所有這些問題都幾乎影響了我們所做的每一重大決定。有時，這些問題的解答

2　譯註：指普遍出現於世界文學、藝術、宗教中的人物和情節，反映人類心靈之各種面向。

3　譯註：喬‧古黛兒（生於1923年）為美國劇作家，並曾出版烹飪暢銷書The I Never Cooked Before Cookbook（1965）以及多本勵志書籍。

4　譯註：柏拉圖警句為"The life which is unexamined is not worth living"（未經檢視的生命不值得一活）。

可在參考個別社會或個別文化的道德規範及傳統行為準則時立即被取得。由於許多人都曾面臨過類似問題，集思廣益也是可能的。我們可以尋求牧師或拉比[5]的指點或到圖書館去查閱前人的智慧見解。然而，在許多情況下，規範準則若非不適用，就是無法滿足個體化進一步發展時的需要，因為這階段的這些需要總會挑戰傳統和成規。個體化在本質上似乎就在要求個人超越或擺脫所屬社會的道德規範。要擁有自主（authentic）而充實的人生，我們有必要偶爾自行其是，並願為自己不合常規的行動擔當責任。這樣的行動極可能得不到別人的了解；在為之辯解時，我們或許也只能說它是種情感行為，但也因此使它失去堅固的理性基礎。無論如何，個體化的驅力來自心靈，而且它那難以抑止的行進方向極可能、也實際上經常衝撞周遭社會所提倡或默許的事情。狹隘或無序的文化或許是這衝突的起因，因此從更深角度來看，這文化的成規習俗本身就違背了道德。艾瑞克・艾瑞克森（Erik Erikson）[6]在研究甘地時就描述了甘地在面對英國、南非和印度的種族歧視時所遇到的這種問題（Erikson, 1969）。人內心的聲音終於無法再滿足於傳統給予的答案而要求別的。個體化無可避免會教人採取社會所不默許的行動，而且會讓他為此付上代價。這時難題就變成了我們能否察知以下事情：這聲音來自心靈哪個部分？它的意圖為何？常常我們不知道答案，因為那聲音無故地就下達了一道非理性要求。

　　大家都知道個人會遠在集體之先獲致更高層次的倫理觀點。

5　　譯註：即猶太教牧師。
6　　譯註：艾瑞克・艾瑞克森（1902-1994）為美國發展心理學學家暨心理分析師。

群體價值觀總落後於個人價值觀，有時落後達好幾十年或好幾世代。例如，在過去（和現在），世界許多地方都默許種族歧視和性別歧視；對之表示質疑或違背社會常態而與受歧視者建立關係的人都得準備承受集體所准許、有時相當暴力的惡意攻擊。道德規範的執法者從來就不是具有同情心的人。當個體化達到較高層次時，道德方向感就不會再由外取得，個人也不再會為了尋求指點而求助於道德手冊或專家，而是直接承擔解決難題的責任。個人必須自己決定「做還是不做」，不但沒有社會和宗教的支持，有時甚至還需面對它們的嚴厲責難。

為了解答外在世界不能解答的個體化問題，個人常會轉求自己的良知，以尋更高規範或蘇格拉底所說之「神靈」（daemon）[7] 的指引，盼從那裡取得指示和見解。然而，在某些特殊狀況下，連良知都常幫不上什麼忙。如果想從來自無意識的夢取得指引，人又得先解夢才行。「神靈」也可能默不作聲，讓人因此必須詮釋這沉默所代表的意義。這樣看來，人退縮而無限期不做決定的情態是可以原諒的。內在道德律命（moral imperative）[8] 也許呼求解答，但個人就是無法化解心靈對立面向的爭戰。一個聲音說「可以」，另一個聲音卻說「不可以」，結果雙方僵持不下。這就是榮格在晚年所寫論文〈良知的心理學觀〉（A

7　譯註：柏拉圖在其《會飲篇》（*Symposium*）中提到：女祭司Diotima告訴蘇格拉底，神靈（daemons，部分中文書籍直接音譯為「代蒙」）位居神與凡人之間，是兩者間的傳信者。另根據柏拉圖《蘇格拉底的申辯》（*The Apology of Socrates*），蘇格拉底自稱常有這種神靈之一以聲音形式告誡他、使他免於犯錯。柏拉圖認為每個人在出生時即由某個神靈以抽籤方式認養並成為其良知。

8　譯註：請見下一註解。

靈性之旅　├

Psychological View of Conscience）中數次提到的關鍵時刻（Jung, 1958/1964b）。他論到「責任之衝突」，也就是互相對等的兩個選項各自宣稱自己是康德「至高律命」（Categorical Imperative）[9] 的寵兒——這律命如此說：「如果你在行動中同時相信自己的意圖應成為普遍法則，你才可依照這意圖採取行動」（Kenny, 1994；頁191）。個人面對了兩套對立的責任選項，其中一套也許要求進一步藉個體化體現自性，另一套則要求有利於社會或群體。

兩難處境可能帶來「錯誤的」良知

就在左右兩難造成僵局或停滯狀態之時，某種較為險惡的可能性會在不知不覺中以原型纏身的形式出現，讓人覺得自己找到了前進之路、「更崇高之路」、天命以及絕對見解。在最初看來，這似乎就是無解衝突之難題的完美解答：個人聽見了「神的聲音」（vox Dei），也就是一種更崇高、能給人提供保證和自信的良知形式。個人覺得有個更崇高的神力在前領路、指引他做出不會有誤的決定。一般而言，這種信念導致無比自大的心理，使人根本不願聽取不同的意見和觀點。對聽從此種絕對見解之指令的「先知」而言，其他人若不是贊成者、就是反對者，世界也因此被割裂成朋友和敵人兩個陣營，其間毫無中介的存在。榮格在其論文中適恰地稱之為「錯誤的」良知：「在『正確的』良知之外還有『錯誤的』良知；它會藉誇大和扭曲的方式使邪惡變

9　譯註：德國哲學家康德在其理性主義的道德哲學中認為被稱為「至高律命」、內存於人性的「純粹實踐理性」（pure practical reason）是判斷意圖（maxim）是否具有行動價值的準則。

成良善、良善變成邪惡……它在這麼做時所帶有的驅力跟『正確』良知的驅力是一樣的，所產生的情感後果也一樣」（Jung,1958/1964b；段835）。狂人和暴君無不深信自己的行動有正當性；那是因為他們著魔於某一原型意象或意念，進而在享受神聖天命之際為所欲為。「錯誤的」良知可以為毀滅性行為背書，使人絕對相信其使命具有正確性、正當性和公義性。

在常人方面，在危機時刻、當人試圖嚴肅看待自己心理的深層需要時，錯誤的良知會帶著特別力量滲入這努力。人在情況不順時會為了逃避他人的批評而採取自我防衛機制；錯誤的良知就趁機與這頗為常見、也頗能讓人理解的心理需要串通起來。當個體化掙脫傳統規範時，結構還不完整的自我人格很有可能遭到某一原型意象或意念的控制，並任憑這意象或意念為它注入絕對信念。個人會由此取得一套無法反駁的理由，用來對抗任何因他的決定而引起的內在或外在反對意見。這套理由也能平息罪惡感──當人違背社會道德和傳統價值時，罪惡感無可避免會對人發出威脅的。倒置的良知開始傲視社會風俗如無物、視之遠遠不如自己超越的觀點。無比自大而忘形之餘，個人自覺徹底擺脫了外在規範準則的束縛、自視比它們優越而為它們所不及；他成了尼采筆下那位登至高處而「超越善與惡」的超人。於是，一種低等的倫理思考在錯誤良知的支持下得以成形，並開始藉靈視之名為那支持膨脹自我的「倫理觀點」辯護。在此，喇達貝奧特是主事者。

此時，倫理知覺與「道」斷了線並失去聯繫；它開著快車把自己的跟隨者送進道德沙漠區。以心理學觀點來講，倫理信念被某種原型的掌控勢力擄為人質，並成為該領域之統治神靈的諭命。如今個人的倫理責任似乎就在追隨這神諭而不計任何後果或

　　　　　　　　　　靈性之旅 ├────

代價。無論這是否受到著魔之瘋狂社會[10]的影響或因個人認同於某原型意象／意念而得以注入人心，自我無疑處於一種被奴役狀態而無法連結於自性──也就是包羅萬象的曼陀羅、完美的兩極合體。

心理學用來化解這種自大心理的對應之道是：進一步個體化。個體化會要求我們保持距離、讓自己跟所有身分和認同──即使它們來自靈啟而具有說服力──分離開來。這是最佳的倫理行動。於此倫理會被納入個體化架構中，不再外於其內在運作而在旁評斷是非。對宗教或意識型態的所有堅信者來講，他們唯在行經激進懷疑論──這懷疑論有如深淵，會使人遍體鱗傷──並抵達不可知論後才有可能復原。自大者是未經個體化的人，因此退出確信和絕對的自以為是對他們來講一方面使他們自覺受辱，另一方面卻能解放他們。個體化於此會發出以下指令：評估可用資源、設定心理距離、思考、從惡夢醒來、建立個人與自性曼陀羅的連結。這在前面的中國故事裡係指人重新與「道」連結：造雨人離開城市，退居到一個可容他默想和省思自性的小茅屋中。關注自性要求我們離開偏頗不全的自性意象，藉以連結於完整自性。

個體化可以傳示新的倫理

我們可以公平地說：個體化在促成心靈完整的過程中傳示了一道「新的倫理」（Neumann, 1949/1969），要求我們在從事思考時不屈從於那些能轉移我們注意力並使我們自我膨脹的原型

10　譯註：原文為 daemonic social order，意指不公不義之政治與社會，在本書內尤指納粹政權。

情節、意象、價值觀或意念，但要保持距離並維護自己對這些神靈下判斷的能力。位於這些神靈之上並遠遠超越它們的自性——「道」之觀念和曼陀羅之意象所表徵者——支持一種與權力意志不相容的倫理立場，反對單一原型意象／意念據有任何偏頗權勢。個體化倫理可謂超越了群體之道德法典、所有效忠原型力量（神靈）的形式、以及其他任何認同於集體意見、政治、律法、意象或宗教信念的形式。然而，個體化也恰恰不以成為超越善惡的尼采超人為目標，反而志在持守相對張力並忍受其間發生的衝突。在自性的保護和支持之下，它以思考和行動為必要條件。

這種與自己深信之觀念和信仰徹底分離的努力會帶來第二個重要的個體化行動：整合。這行動是要把自性的複雜性納入意識中，也就是接納心靈固有的自相矛盾性質（paradox）[11]和兩極面向。這意謂人認知到（而非認同於）完整合一且具超越性的自性意象。自我人格視此意象為更大的整體而因此臣服於它，成為自性的僕人。中國造雨人就是用這方法讓自己先合於「道」，然後藉此讓自然界也合於「道」。為自性服務的自我也為世界提供了服務。

如方才所說，個體化過程中的兩個主要行動——分離和整合——都具有內在倫理意義。在個人人格個體化之時，它無可避免會深化人的倫理知覺，因而對社會和自然界也都帶來助益——即使這助益是透過間接或共時方式產生的。然而，社會和文化的集體倫理意識也必須經歷個體化。我所說的倫理個體化是指人類群體之「公正」原型觀念（超越性道德原則的一種）需要不斷獲得

11　譯註：Paradox 通常被中譯為詭論、弔詭、似非而是等。

進一步體現。由於這種倫理演進必須將倫理思考延伸到以前未曾思考過的領域中（尤其那些跟個別差異、個別情況以及文化與科學之新發展有關的領域），我們會從經驗中發現：各領域的社群是這工作展開的最好場所，而長於倫理思考的人是這工作最好的推動者。

使倫理更為精進的工作是利用充分意識完成的，雖然它最初的動機和最深的基礎來自無意識和原型。與公正觀念有關的夢和直覺比規範及律法更早發生；是個人透過直覺和情感自然反應感知它們的。然而，要像打鐵匠一樣鎚出這些感覺和直覺的意涵，這工作就需要由無數人透過意識思考、並經過無數歲月才能告成。傳統和文化都是經由這些共同思考及其產生的教誨和道德律打造出來的。身在傳統和文化中的個人，實際上無法取得這種複雜思考所必要的客觀觀點。「公正」之道德原型先由社群中的個人將之提升到意識中，繼而由許多人在思考獨特的新環境時加入更多見解，因此能夠在新的經驗領域和實用領域中獲致進一步個體化。集體思考也讓個人的自大狂妄無法控制和扭曲這項成果。當個人發展和文化／社會發展都已高度超越集體意識、並開始質疑許多不具備充分倫理思索與觀點的人類活動／行為領域時，倫理知覺的此種發展可說具有即刻必要性。

舉例而言，二十世紀早年的心理分析和心理治療就發生過這種狀況。當時這兩種情境發展出來的人際關係可說首次出現於世而不為一般人所了解。倫理必須花上好幾十年才趕上變化，終能替治療師設計出詳細的行為守則，在其中把移情作用（transference）和反移情作用中的細微情狀——以往未曾思考過的心理敏感度和脆弱度問題——納入考量。我們在留意或思考兩

人關係或幾人關係時需要採用的觀點就是來自心理分析學對移情作用的了解。為保障心理治療中的病人在處於敏感地位時仍能獲得公正對待，涵蓋這些新情勢的倫理規範及指南已在最近一、二十年中被訂定了出來（Solomon, 2004）。

若擴及當代社會（至少西方社會）更多領域時，我們會發現女性主義的興起和躍進、雙方共願的長期同性伴侶關係、以及醫學進展（如緊急延長或終止生命、人工受孕、基因工程等方面的相關技術）都讓我們有必要對相關及潛在的倫理議題作深刻的思考和辯論。這些思考都還在進行中，距最終結論也都還相當遙遠。它們無不將重心放在個體化、個人責任、以及對他人之責任這些問題上，而其基本議題即是公正之觀念（Frankena, 1973；頁46-52）。實際上，倫理知覺在特定環境中的表達方式會受到文化中眾多價值觀的影響。但最終這些價值觀的影響力會遠不及公正原型以及那試圖將之完全體現於文化生活內的恆在壓力。公正原型的持續體現即是集體倫理意識的個體化形式。

【第十四章】 　文化對話的贈禮

　　當代靈性是由許多部分組成的。在本書中我的討論大多以個人經歷為主軸，包括個人的夢、異象和共時經驗——這些都是關注自性時必要的經紗緯線。但外在的靈感來源也具有重要內容，可為個體化步向完整之自性體現提供途徑。許多現代人都曾從世界各宗教傳統學到不少東西，並把他們的發現結合於自己的宗教背景及傳統，在兼容並蓄中形成獨特的靈性追求方式。在西方，東方宗教融入文化母體的情形已至少進行了兩個世紀。這種走向在榮格的思想中無疑十分顯著。東方與西方逐漸匯集成了現代靈性生活的共同基礎。

　　文化對話如今發生於各種場合和各個層面，然而這類對話的最終成果仍很難獲得定論。對話常淪為發言權競賽，比看哪一方可以喊得最大聲而不必多聽另一方，但結果卻經常是雙方僵持不下。歷史推演至此刻，我們多少都還在學習，離結業之日真的還相當遙遠。最重要的是，我們能否在用自己的看法做回應前先仔細聆聽對方；傾聽之後的挑戰則在於把別人的觀點和自己的整合起來，也就是藉別人的觀點來擴大自己的觀念和文化知覺。廣義的關注自性也要求我們傾聽他人，因為他人說出了我們未嘗意識到、卻與個人之完整人性有關的事物。他們代表了出聲說話的集體無意識。

　　我在此特別關注相異的心理及靈性見解如何對話，或說文化

對話如何能影響個體化。在這一章和下一章裡，我要討論中國哲學和宗教的某些面向，並試圖把這些連結到榮格心理學以及個體化過程。為所有世人帶來更廣的意識是合乎人類利益的，但要達到這目標，我們必須關注差異並彼此學習。沒有任何文化可以獨攬個體化的真理——縱使個體化過程的終極目標對所有文化而言都是一樣的、都在完全體現人性中的人格潛能（包括靈性成長的能力）。

我要藉用榮格與中國思想打交道的經驗來示範意識經由文化對話而擴展的過程。如果世上有任何文化對一向視己為世界中心的歐洲人來講代表了終極「他者」，那就是中國。因此榮格與中國思想打交道的故事頗具啟發性；他向那思想的影響力完全敞開心胸，但同時保有西方科學思考和臨床經驗提供給他的文化根底。

中國之所以能影響榮格要歸功於他在一九二〇年代與德國新教牧師暨漢學家衛禮賢建立的一段友誼。湯瑪士・克許（Thomas Kirsch）[1] 在國際心理學學會（IAAP）官方人員於一九九四年首次赴中國訪問的歷史性場合、在一場名為「榮格與道」（Jung and Tao）的演講中對聽眾提到：榮格「宣稱衛禮賢是影響他一生最大的人。這讓許多人大感驚訝，因為他們一向認為佛洛伊德才是影響榮格最深者」（Kirsch, 1998；頁1）。

影響榮格至深的衛禮賢

衛禮賢於一八七三年五月十日出生於德國斯圖特加特市（Stuttgart）。他父親是位工藝師傅，但在衛禮賢九歲時去世，家

1　譯註：美國著名榮格學派心理分析師，曾來台講學。

庭經濟從此陷入捉襟見肘的窘境（Ballin, 2002；頁5），他母親因此必需藉他外祖父之助一同撫養他和他的妹妹海倫。一八九一年，十八歲時，他到杜賓根大學（University of Tübingen）攻讀神學。四年後他被按立為德國兩個小村莊的教區牧師，最後於一八九七年落腳於溫泉小鎮波耳（Bad Boll），接受自由派牧師克里斯多夫‧布倫哈特（Christoph Blumhardt）的督導。他在那裡遇見了未來的妻子莎樂美‧布倫哈特，他導師的女兒。他們在一八九九年訂婚，隨後衛禮賢就奉派到中國的德國租界青島為同善會（Allgemein Protestantischer Missionsverein或General Evangelical Protestant Missionary Society）工作。一年後莎樂美來到中國與他會合，並於一八九〇年在上海與他成婚。隨後，他們很快地接連生下四個兒子。

一八九九年至一九二〇年之間，除了兩次短暫回德國外，他留在青島當牧師、教師和翻譯人員。他到青島後不久就開始受到中國文化和宗教的吸引，並能在短時間內通曉中文而開始把中文典籍翻譯成德文。他最初的譯作及著作——包括《論語》、《大學》、《論在理教》（*Tsai-Li-Sekte*）[2]、一本中國天文書——從一九〇五年開始陸續問世。第一次世界大戰後，他在一九二〇年帶著家人返回德國。但兩年後他又回到中國，赴北京擔任德國大使館的文化參贊[3]並在北京大學教書。一九二四年返回德國定居

2　譯註：在理教又稱理教、理門、理善會、白衣道、八方道，為創立於清朝康熙年間之民間宗教團體，存在至今。

3　譯註：原文為 scientific counselor，但相關中文資料都稱衛禮賢的職稱為文化參贊，似較為合理。德文頭銜 wissenschaftlicher Berater 中之形容詞 wissenschaftlicher（scientific）可泛指知識及文化。英文字 science 亦如此。

後，他成為法蘭克福大學中國歷史與哲學系的教授，直到一九三〇年去世，當時他即將年滿五十七歲。

他著述等身，最重要的作品偏於中文典籍的翻譯和評論。一九一〇到一九三〇年間，他致力於翻譯及編纂共含八卷的《中國宗教及哲學》套書。在位於德國耶拿城（Jena）、享有盛譽的歐根・狄德立希出版社（Eugen Diederichs）出版了這些德文譯作後，他在祖國建立起相當名望並成為最重要的德國漢學家。他並以十年時間與著名的中國學者暨賢達勞乃宣（1843-1921）密切合作，在一九二四年出版了備受欽佩的《易經》德文譯本。一九二四年回德國定居後，他被冠以「中國與歐洲之精神橋樑」的尊稱（Rennstich, 1998；頁1301）。他樂與當時無數文化界重要人士相與往還，其中包括魯道夫・奧圖（Rudolph Otto）、赫曼・齊舍陵伯爵（Count Hermann Keyserling）、阿伯特・史懷哲（Albert Schweitzer）、赫曼・赫塞（Herman Hesse）、馬丁・布伯（Martin Buber）、泰戈爾（Tagore）[4]、以及對我們而言最為重要的卡爾・榮格。他與榮格成為了志同道合的好友。

收藏於瑞士聯邦技術學院（ETH, Eidgenössische Technische Hochschule，位於蘇黎士）榮格檔案館中的兩人來往信件並不多，為期大約只有十個月，共十三封信。這少量收藏只代表了他們幾達十年往還的一小部分，顯然遺落了某些信件。收藏中的第一封信是由衛禮賢於一九二八年十二月二十八日寫給榮格，信

4　譯註：赫曼・齊舍陵伯爵（1880-1946）為德國哲學家。阿伯特・史懷哲（1875-1965）為德裔法國神學家、哲學家、音樂家及醫生，以在非洲行醫濟世聞名於世。泰戈爾（1861-1941）為印度詩人與藝術家。其他人物在前已有註解。

　　　　　　　　　　　　　　　　靈性之旅 ├

箋頂端印有「法蘭克福中國學院院長衛禮賢」（China-Institut, Frankfort a.M, Director: Prof. Dr. Richard Wilhelm）的字樣。衛禮賢用很正式、他特有的嚴謹風格問榮格：他是否可將榮格的名字加入新成立之國際佛教學院（International Institut für Buddhismusforschung）的贊助者名單內。在中國佛教總會會長太虛法師的啟發下，這學院是由巴黎古莫亞洲藝術博物館（Musée Guimet）的一個委員會成立的。

我們無法從收藏的信件中知道榮格和衛禮賢在這封信之前的關係為何。衛禮賢很可能從他們之前的交遇和討論中看出榮格對東方、尤其中國的思想及宗教（包括佛教）極感興趣。榮格曾寫說他是在「一九二〇年代早期」（Jung, 1950/1969；段966） 遇見衛禮賢的。這初次相遇極有可能發生於赫曼・齊舍陵在達姆市（Darmstadt）所主持的「智慧學院」場合，因為衛禮賢常受邀在那裡發表演講，而榮格有時會去那裡聽演講（齊舍陵曾到中國訪問過衛禮賢，對於後者對世界宗教的廣泛興趣懷有深刻印象，因為他本人就是這方面的專家）。衛禮賢也在一九二一年於榮格老家蘇黎士的心理學俱樂部（Psychological Club）發表了一篇關於《易經》的演講。衛禮賢的《易經》德文譯本在一九二四年出版時，榮格無疑是第一批購買者之一。在他為《易經》英文譯本所寫的前言中，榮格說他在讀到衛禮賢的譯本前曾讀過理雅各（James Legge）的譯本。因此他在遇見衛禮賢之前應該就對《易經》產生了興趣並從而發展出他對中國思想的興趣，讓他後來能準備好接受衛禮賢的見解。一九二五年五月，衛禮賢又在蘇黎士心理學俱樂部發表演講；這次的題目分別是〈中國瑜伽術〉（Chinesische Joga-praxis）和〈中國靈性教誨〉（Chinesische

Seelenlehre）。剛從非洲探險回來的榮格應有可能聆聽了這些演講。總而言之，當現存信件中的第一封信於一九二八年抵達榮格家的大門時，這兩人應早已多次交換過意見，並因同對中國哲學和東方宗教感到興趣而成為了朋友。

瑞士聯邦技術學院收藏的第二封信是榮格在一九二九年四月六日寫給衛禮賢的。榮格用「親愛的教授」稱呼衛禮賢，比德文正式稱呼法「……教授鈞鑒」要親切的多，顯示他們具有私人情誼。他在信中使用了朋友才有的不拘口吻，說他希望衛禮賢離開蘇黎士後感覺好多了：「一定是我們在X家吃的冰冷美乃滋讓我們感到不適的」（Jung, 1973；頁63）。衛禮賢事先於一月二十九日第三度在心理學俱樂部發表演講，講題是〈佛教打坐的一些問題〉（Einige Probleme der Buddhistischen Meditation）。榮格在信中繼續說：他在前往瑙海姆溫泉鎮（Bad Nauheim）參加第四屆心理治療醫學大會（the 4th General Medical Congress for Psychotherapy）時將行經法蘭克福，在那裡轉火車時會有三小時空檔，希望有機會跟衛禮賢見上一面，即使短暫晤面都好（榮格在此醫學大會中將以〈心理治療的目標〉為題發表演講；參見Jung, 1931/1966）。他也提到兩人的合作計劃：「我很快就可以開始寫我們的手稿」（Jung, 1973；頁63）。這指的是最終出版時附有榮格用心理學觀點撰寫評論的《太乙金華宗旨》德文譯本。衛禮賢似乎在一九二八年把他的譯文寄給了榮格，因此我們可說他們兩人此時已在學問上建立了積極的合作關係——「我們的手稿」。榮格也建議衛禮賢暫離工作去避靜一下，並問：「為什麼有必要離開時間去生活一下的人都找不到俗世修道院？是世界從內把它們吃掉了，如果不是從外的話」（Jung, 1973；頁63）。榮

格想必察覺了衛禮賢虛弱的健康狀況——他在一年後離世。

事實上，《太乙金華宗旨》這本晦澀且不為人知的中國煉丹術經典促發了榮格生命中的一個重要轉捩點。他在《榮格自傳：回憶‧夢‧省思》當中寫道：「在我讀了《太乙金華宗旨》、也就是衛禮賢寄給我的那本中國煉丹術代表作之後，我開始領悟到煉金術的本質」（Jung, 1963a；頁204）。根據榮格自己的說法，是這本中國論著使他開始對煉金術著迷的。他後來花了三十年時間浸淫在煉金術的研究中。

他在這本中國論著中發現了一套意象，與他在分析西方病人時以及特別在他自己的個體化過程中所發現的意象——如《紅書》中記載的——甚為類似。這中國煉丹術的文字讓他瞥見心理與靈性成長的基本情節——原型個體化過程即是由這些情節構成的。中國煉丹術帶引他繼續深究以西方來源為主的煉金術象徵系統，他用心理學類別來詮釋及翻譯這些來源，並將其表述形式及意象提升納入現代人的意識中，同時將這些象徵與意象連結到現代心理分析病人心靈深處的無意識結構、過程和象徵形式。

東方思想帶來心靈的新概念

透過他與衛禮賢的友誼，榮格在為人類建立以原型為基礎的心靈理論時納入了中國思想。在心中與東方對話的結果是，他構思出一套心靈過程及心靈完整的新概念，可以適用於全人類。透過這種深思型的對話，人心的普遍現象才有可能被發掘出來，全人類均可參與的新全球文化也才得以產生。

榮格於一九二九年四月二十六日寫給衛禮賢的第三封信一開頭就向衛禮賢道歉，說自己在途經法蘭克福、前往瑙海姆溫泉鎮

時衝到衛禮賢家裡，有打擾之虞。他說他關切衛禮賢的健康狀況
——我們再次發現他察覺到衛禮賢身體虛弱的情形。榮格在信中
特別強調了幾個字，藉以表達他迫切的關心：「我必須一再對你
說：你對我們西方世界太重要了！你不可以融化不見，或者消失，
或者生重病」（Jung, 1973；頁63）。然後他說及那封信的重點：

> 　我在瑙海姆心理治療大會發表演講的結果是，心理治
> 療學會的董事在我事先不知情的狀況下決定邀請你在明年
> 發表一場演講（預計在巴登巴登[5]）。這會創造歷史的！想
> 想看，這批對一般常人毫無耐性而且總是趁人之危的醫師
> 竟然要接受中國哲學、像培養基接受微生物注入[6]一樣！實
> 在太難以想像了。我非常高興，並希望惡魔不要來搗蛋而
> 使你無法出席這歷史性場合。這的確事關緊要，因為醫學
> 正積極轉向心理學而東方正好可藉此發揮影響力。我們不
> 必管高傲的神學家和哲學家。（Jung, 1973；頁 64-65）。

　　在這裡我們發現，榮格相信衛禮賢把中國哲學轉介給西方的
努力具有非常重大的意義。他在這裡說到的醫學態度之轉變是他
一生最為關注的事情之一：他希望能把精神醫療和心理健康這兩
個專業領域從物質取向的主流醫療模式扭轉到心理和靈性方向。
他為達到這目的曾在前幾十年求助於許多學術領域，如今他在中

5　譯註：巴登巴登（Baden Baden）是 "Baden in the State of Baden"（巴登邦的巴
　　登）之簡稱，以別於另外以巴登為名的城鎮。是著名的溫泉小鎮。
6　譯註：原文動詞 inoculate 指將微生物注入培養基（culture medium），是以在此
　　具有雙關語作用，暗喻中國思想注入西方心理治療之文化（culture）中。

國思想中瞥見了豐富有力的資源。中國哲學和宗教可以大力轉化西方醫學，尤其是西方醫學用以治療心理疾病的態度。榮格之所以會有這見解是因為他相信中國煉丹術曾透過其深遠的內省傳統發現過普世心靈面向，而這發現可以與西方的發現結合起來，更有效喚起人類個體化的全部潛能。

在信的結尾，榮格順便提了一下：「喇嘛寺廟的曼陀羅已經複製好了，我不久會把原件寄回」（Jung, 1973；頁64）。他在《榮格自傳：回憶・夢・省思》中曾相當仔細地解釋這圖象對他有何意義。他也在書中敘述自己在自我分析和修心時畫了兩幅他日後稱作曼陀羅的圖形，其中之一具有相當奇特的中國風格（Jung, 1963a；頁197）。他在畫完這幅圖形後不久寫道：

> 衛禮賢在來信中順便寄來道教煉丹術經典《太乙金華宗旨》的手稿，並要求我為之寫評論。我立刻囫圇吞下整本東西，因為那文字出乎我夢想之外，證實了我對曼陀羅以及「沿中心繞轉」（circumambulation of the centre）的想法。這是使我不再孤立的第一個事件……在回想這巧合、這「共時事件」時，我在那幅我深覺具有中國味的圖畫下方寫上：「一九二八年我正在畫這張圖、畫出壁壘堅固的金色城堡時，衛禮賢從法蘭克福寄來那討論「黃庭」[7]、也

---

7 譯註：道教《黃庭經》（*The Book of the Yellow Castle* 或 *The Yellow Court Classic*）與《太乙金華宗旨》為不同作品，但後者之作者（傳為呂洞賓）將之納入自己的作品中。在具體意義上，「黃庭」指帝王宮牆內的中庭，為帝王與大臣問天以處理國事的地方；道教養生觀點則認為它是人身的感應中樞。《黃庭經》傳授生命修鍊與內丹術（internal alchemy），其目的在使人最終可以成仙、長生不死。

就是長生氣機的千年中國經典」。（Jung, 1963a；頁197）

我們從《太乙金華宗旨》可以看出：心理成長不是線型、而是螺旋繞轉式的發展，所繞轉的中心則無可言喻或無可圖表。「沒有線型演進，只有以自性為中心的繞轉。循序發展充其量只在剛開始時發生，之後一切都指向中心」（Jung, 1963a；頁196-97）。個體化為環形或螺旋形發展、而非線型發展的想法基本上是中國觀念，但後來成為榮格個體化理論的重心要點。因此，在榮格試圖了解和表述其心理學理論的中心主題個體化過程時，中國思想扮演了關鍵性角色。中國思想之所以打動榮格正是因為它不具備嚴謹的線型思考。

當然，榮格在書信往還的當時並不知道衛禮賢的友情和禮物對他產生了多重要的長期影響和效應。然而他的直覺卻讓他用「歷史性」這字眼來形容衛禮賢對精神病醫療體系可能帶來的影響。這是因為他察覺到中國思想具有轉變偏重物質主義和理性主義之西方醫學的潛力：經衛禮賢傳至歐洲的中國文化有可能促成一場歷史性轉變。至少在榮格自己的想法中，這似乎已成事實。

中西方思想的轉譯者

日期為一九二九年五月二十五日的下一封信雖然簡短，卻相當感人，顯示兩人的友誼已進入新的境界。再一次，現存的書信收藏似乎缺了衛禮賢寫給榮格的信，只見榮格回信為衛禮賢接受他一個月前提出的演講邀請大表高興。他第一次在信中用「親愛的朋友」稱呼衛禮賢：「親愛的朋友，聽見你用「朋友」稱呼我，我有說不出的高興。命運好像把橋墩的角色派給了我們兩

人，要我們承負起東西橋樑的重量。你願意前去演講，我打心底感謝你」（Jung, 1973；頁66）。衛禮賢那封不見的信應是這更密切友誼的啟動者，而榮格除了溫馨回應外，還在文字中使用了「共同使命」的意象，認為是命運指派他們兩人溝通東方和西方的。頗不尋常的是榮格竟然封給自己這種地位。對歐洲人來講，衛禮賢顯然是文化中介者，但榮格呢？榮格的角色跟衛禮賢的角色最終有所不同。每當他思考和詮釋非西方事物時，他使用的都是西方人觀點，並以自己的經驗作為主要參考值。衛禮賢較完全站在中國人的立場，這是由於這位飽讀經書的漢學家在中國生活及工作幾達二十五年。作為西方精神病醫師的榮格則在瑞士度過一生，但認識衛禮賢卻深深觸動了他的心弦，因而重大改變了他的思想。

榮格用來溝通東方與西方的方法使他一方面堅守西方心靈，一方面試圖在東方思想的經典中找到共通點。衛禮賢是位浸淫在中國思想中的基督教傳教士，因而他從經典中國和古代中國的觀點來面對西方事物。了解東、西兩方哲學和宗教的他可以從中國人的角度來批判他自己的宗教傳統。在把中國典籍譯成德文的時候，他所做的不僅是專門知識的翻譯而已：他的翻譯在展示原文內容的同時還能打動西方心靈，而使之能吸收這些內容。有人批評他的《易經》翻譯沒有一一按照原文字句，也不夠精確，但他在轉化文字時卻使這些文字更能為西方人了解。像赫密士（Hermes）[8] 一樣，衛禮賢既是偉大的溝通者，也是偉大的轉譯者。

榮格在同一封信裡表達了他對衛禮賢健康情況的關心。雖然

8　譯註：參見第十章註13。

衛禮賢同意次年到心理治療學會發表演講，榮格還是希望他到時真能辦得到（事實上，演講之日到來時，他將已不在人世；他死於演講之日前兩個月）。榮格也因自己未能完成《太乙金華宗旨》的評論而在信中向衛禮賢道歉，並說：「我的延誤倒也沒什麼害處，因為我這一陣子經歷了一些事情，讓我獲得了珍貴的新見解」（Jung, 1973；頁66）。實際上，榮格個人沉浸在這文本中的程度遠遠超過了他原先的意圖。

在這封信之後的幾個月中，衛禮賢為健康問題接受了一些治療。兩人開始寫信討論出版的細節問題（如合約、費用等）以及進一步的合作計畫。榮格然後在一九二九年九月十日從柏林根（Bollingen）寫信給衛禮賢，告訴他評論「多少已經完成了」（Jung, 1973；頁67）。在出版的評論中，榮格從心理學角度為中國煉丹術經典提供了豐富而細膩的詮釋，並拿自己和病人的心路歷程來跟這經典所描述的修鍊過程做比較。他說，在這部中國經典以及在西方病人的內心經驗中，心靈修鍊的工作無不以增廣意識和愈趨完整為目標。兩者可說都以關注自性為主要工作。榮格在評析中明確強調：在生活中體現「道」遠勝於論「道」或閱讀有關「道」的書籍。榮格的文章的確是篇精心傑作，應屬於他最精采和靈感最豐富的作品之列。他在這篇文章中訂出並使用的方法論一直被他沿用於之後幾十年的研究當中。如果說衛禮賢藉翻譯使中國連結到歐洲，那麼榮格就是藉他的心理評論使歐洲連結到中國。他們兩人的確為東方與西方的交流及對談創造了珍貴的溝通途徑。這種深刻有力的對話模式締造了驚人成果。

在日期為一九二九年十月二十四日的倒數第二封信中，衛禮賢建議榮格略微修改他的文章以及出版商的合約。他也證實這本

書的德文書名將是（*Das Geheimnis der Goldenen Blüte*）[9]。一個中國編輯曾想把它改成《長生之藝術》，以期符合大眾口味而能推廣銷路。但他們睿智地決定採用原有書名，以保留它的神祕感。

在日期為一九二九年十月二十八日的最後一封信中，榮格說他同意做些更改，並且非常贊成衛禮賢所提議的書名。他也提到自己正在整理一系列由病人畫出的曼陀羅：「這些形形色色的圖畫彼此互補，完美地把歐洲人之無意識試圖了解東方終極目的論（eschatology）[10] 的努力描繪了出來」（Jung, 1973；頁71）。這「終極目的」就是：創造完整、在意識中體現自性，或者──用中國煉丹術的話來講──練就「內丹」。這就是仔細關注自性的最終成就。榮格在信的結尾頗有預感地說：「無論如何，你不可以忘了愛惜你的肉體，因為靈性有個壞習慣，總想吞掉肉體」（Jung, 1973；頁71）。那本書在一九二九年年底出版，衛禮賢在一九三〇年三月一日逝世。

一九三〇年五月時，榮格在德國慕尼黑的一場衛禮賢追思禮拜中擔任主要演講者。在向故友表達敬意時，他說自己從衛禮賢那裡獲益良多、因此對他心懷由衷的感激：「衛禮賢的畢生心

9　譯註：中文意為《金華之祕》。

10　譯註：終極目的論所探討的是人類最終命運或歸宿。根據《大英百科全書》，終極目的論有兩種：建立在《聖經》傳統上的歷史歸宿論以及其他文化的神話歸宿論。前者認為世界終會走到歷史（線型時間）盡頭（末日），上帝為最終審判者、救贖者及人類歷史事件之終極意義。後者建立在世界「永恆往復」（eternal return）的神話上，認為世界之始（秩序）與末（混亂）有如圓周之起點與終點、循環不已，個人或族群之救贖則假藉神巫及其他儀式短暫回歸初始之秩序狀態。道教的終極目的論應屬後者，其信徒以返樸歸真、練就內丹、與道合一為人生最高目標。

血對我來講重要無比，因為我在試圖減緩歐洲人的心靈苦難時所尋求的、所努力以赴的、所思考的、和所做的有太多地方都是從他的譯作獲得釐清和證實。能聽他用清晰的話語說出我在混亂的歐洲無意識中用直覺模糊感知到的事情，對我來講確是特別不尋常的經驗。我的確覺得自己從他受惠無窮，在這方面似乎再也沒有人比得上他」（Jung, 1930/1966；段96）。榮格然後告訴與會的朋友為何他覺得衛禮賢的貢獻如此重要：他的《易經》翻譯及評註提供了「一個阿基米德觀點（Archimedean point）[11]，讓我們西方人的心態可藉這觀點把自己舉離原有的基礎」（Jung, 1930/1966；段78）。此外，他「將中國靈性的氣機注入我們的文化，足以根本改變我們的世界觀」（Jung, 1930/1966；段78）。《易經》並非以因果律為基礎，而是建立在「共時性」原理之上。榮格在追思講辭中第一次使用「共時性」這名詞；他認為這正是西方科學在補全其世界觀時必需加上的觀念。大約二十年後，他才正式在他與知名物理學家沃夫甘‧包利（Wolfgang Pauli）共同寫成的書中將這觀念提出來（Jung and Pauli, 1952/1955）。

　　榮格受到衛禮賢本人和其譯作啟發後在中國思想中發現的寶藏繼續影響他的思想，直到他離世為止。原先想在東方與西方間頂起一座橋樑的共同使命最終變成了一部複雜的心理學理論，其中將西方線型、因果及科學的思考方式和東方（即中國）非

11　譯註：據說阿基米德（古希臘數學家）認為，只要給他一個堅定的立足點和一條夠長的槓桿，他就能把地球舉離它的根基。後人用以比喻有如上帝的全觀及超然視野。

因果、共時、全觀的思考方式結合在一起。在《基督教時代》、
〈共時性：非因果之關連原理〉（Synchronicity:An Acausal
Connecting Principle）、以及《神祕合體》這些著作中，榮格提出
了一套把西方科學思考和中國道家思考結合起來的心靈世界觀。

　　在個人生命裡，榮格也利用自己來融合這些「對立」——
也就是對立的東方與西方。在思考「道」和寫文章論「道」之
外，他實際上也試圖在生活中體現「道」。中國思想不僅影響了
他的心理學理論，也影響了他的日常生活。我相信同樣事情——
至少在某種程度上——仍然存在於分析心理學最為重要的臨床傳
統中。

【第十五章】 關注自性

　　個體化和靈性覺醒幾乎在人生每一階段都可能發生，其程度深淺則視當時個人心理及認知能力之發展狀況而定。但危機時期——也就是「困境之時」——特別能促成心理與靈性的新發展。這些或長或短的生命時期所造成的情緒騷擾與混亂，會使人陷入焦慮、沮喪、方寸大亂，因為他突然發現自己事實上是多麼漂浮無根、多麼失落茫然。如果這一發現能成為一扇讓人見到生命真相的窗子並帶來不同尋常的深刻自省，它會是邁向智慧的第一步。人可能會開始質疑自己過去所感受或所想像的個人生命意義，並懷疑自己過去營造起來的自我故事是否真實。一旦那些令自己感到滿意的想像破滅了，人便陷入由混亂和不確定所形成的濃霧中而無從舉步動彈。他那時會軟弱地說起自己「失落的靈魂」。然而，頗為矛盾的是，使新心理發展變為可能的就是這類危機困境。人在幸福輕鬆的日子裡較無可能尋求更深的真相，必須藉危機才會有所轉變、才會有動機去追求更大的自知和自覺。

　　榮格把他自己發生於這種困境中的個體化經驗記錄在《紅書》中。我們可直接從他的記載學到很多東西，但如果我們用其他靈性傳統的觀點來察看他的經驗，那會更有助於擴大我們的視野。這樣的並列比對不僅可使我們更了解榮格，同時也能將我們的心態調整於有意義的方向，使之不再執著在個人生平的故事上。為此我將求助於那篇把個體化過程精采摘示出來的著名佛教

禪宗經典：十二世紀時由中國禪師廓庵師遠原創的〈十牛圖〉。但在此我將援用現藏於京都相國寺、由天章周文於西元一四五四年繪製的〈十牛圖〉系列[1]。這著名的佛教教材是透過鈴木大拙的禪學論著在二十世紀中葉廣傳於西方的。透過這些圖示，我們可以了解個體化過程中的主要經驗，進而找出這些經驗的發展模式。在此我當然會把這些圖畫從禪宗打坐的脈絡中抽離出來，而把它們放進深度心理學的脈絡中。但真正重要的是：這些禪宗圖示可以教我們在困境時刻如何個體化以及關注自性。

我們必須記住：榮格心理學中的個體化概念涵蓋了意識發展的所有階段，另再加上自性以完整複雜之面貌出現的剎那。留意這過程就是我所說的「關注自性」。這意謂我們必須把深埋的個體化心理圖型（psychological patterns of individuation）高舉到意識心的層次，使我們能夠思考它們並擷取其意義。個體化過程持續進行於人的一生之中；事實上，縱使它持續到老年、到臨死之前、甚至延伸到肉身已死之後，它都可說永無終止之日。

呈現個體化過程的〈十牛圖〉

〈十牛圖〉用非常簡約的方式把個體化過程的關鍵階段圖示了出來。我們可以發現這一系列圖畫與榮格《紅書》中的圖象及文字相與呼應——這點我會在揭開這禪宗故事時再論及。許多人都對〈十牛圖〉及圖旁的簡短圖頌寫過評論，但在此我無意概述他人的見解，只想就這些圖畫表徵的個體化關鍵時刻提出我的想

1　作者原註：「保羅・布魯徹（Paul Brutsche）博士把這些美麗的圖畫介紹給我並從心理學角度提供了非常有幫助的評論，我為此向他致上感謝。」

法──這裡所說的個體化就是我們在榮格心理分析情境之內和之外的現代經驗中所見到者,也是我們在《紅書》中所讀到的。這系列中的十張圖畫給了我們絕佳工具,讓我們可以思考困境時的個體化過程;另一方面,榮格的《紅書》則為我們提供了豐富的細節和整套方法。

我們在這系列一開始見到一個顯然憂煩若狂的人──在我的想像中,他已到了完全一籌莫展的地步:他拼命尋他失去的牛。第一圖名為「尋牛」(見圖15.1),圖頌如下:

> 忙忙撥草去追尋,
> 水闊山遙路更深。
> 力盡神疲無處覓,
> 但聞楓樹晚蟬吟。[2]

這是人在挑戰艱難、身心疲憊、但決心已定時的情況。四處跌跌撞撞、「忙忙撥草去追尋」的他讓我們想起其他尋道者,如中年時迷路於森林而展開地獄之旅、最終得見天堂的但丁[3]。這掉進困境的人正在尋找失去的寶物。

從心理學觀點來看,我們可以認為他失去了自性的聯繫。這是「靈魂的失落」,因而帶來焦慮和沮喪。一般來講,人在失去摯愛──也就是經他心理投射而成為他靈魂最重要一部分的另一個人──之時會遭遇這種情況。失去自性聯繫的人會同時失去正

2　譯註:本章內出現之圖頌的英譯者均為吉川麻里,譯文與中文原文均略有差異。
3　譯註:但丁(Dante, 1265-1321)為義大利詩人,其不朽史詩《神曲》以文學想像敘述他個人歷經地獄、煉獄與天堂的經歷。

圖15.1　尋牛

常生活所需的活力和基本動物本能，最終也與藏於無意識中的精
神活力之泉斷了關係。一個與自性較深層次中斷關係的人當然會
為焦慮所苦，因為其孤立的意識無從踏實立足於本能、甚至求生
的本能。因此，牛在此代表了人與無意識中本能生命力的連結、
亦即與慾力（libido）之源的連結。人失去的牛就是他的「自性」
（primal nature），禪學師父凱普洛（Roshi Kapleau）[4] 這樣評
論：「牛之所以會象徵人的自性或佛心，很可能是古印度人視牛
為神聖動物之故」（Kapleau, 1980；頁313）。自性和佛心對佛
教徒來講是同義詞，但在深度心理學裡，自性──如〈多重世界

4　譯註：Roshi 即老師，用於尊稱資深禪學師父。Kapleau 原名 Philip Kapleau
　　（1913-2014），是美國禪宗開創者之一。

之體系〉圖所明示的（見第十章）——包括了心靈的肉體及本能面向。牧牛者現在必須找回並重建他與自性間的關係。個體化旅程即以慾力倒退為起點；人從此處走入森林（進入自性和內心世界）去尋找牛，並打定主意到無意識那裡去尋索。

　　圖頌並沒告訴我們為何這人會遭遇這種情況。由於這是一個原型故事，因此它涉及每一個人，同時我們也知道，人在突然痛失摯愛或遭到心靈重創的混亂時刻都可能有這種經歷。它也可能以大規模、具有毀滅性之重創事件的形式——如恐怖主義、戰爭、或舉國災難——突然降臨在一整個家庭、氏族、國族身上。人們突然發現自己痛失親人、失去活下去的目的和意願、被絕望和焦慮吞沒、沒有神話可指引方向——如果連宗教信念也棄他們而去的話。他們會惶恐到茫然不知所措，至感絕望：他們該向誰求助？我們知道，要脫離這種危機，人需要找回希望和目的，並需找到一個可以恢復其活力、使之能繼續創造有意義生活的象徵。但人如何才能做到這點？這種時刻確實再危險也不過，因為人在這時總會禁不住緊抓稻草而求不遭沒頂，歸咎任何事或任何人，或緊緊依附在某個允諾把他從這混亂、從這使他寸步難行的焦慮中拯救出來的人身上。騙子和政客會在此時畫出希望的大餅，並答應提供救助。心理治療師也常成為這渴望獲救者尋求幫助的對象。至於向來與靈性傳統——如禪學——共處的人，他們或許會開始閉關靜修一段時間，把它當作「中場休息」，藉以深入內心去找回與自性的連結。無論如何，某些人終會發現自己有必要去找尋那頭失蹤的牛，而非放棄生活、染上毒癮、追隨叫賣推銷之人或者自殺。他們會走入內心、開始追尋之旅——能夠利用個人危機以促成個體化的就是這些人。

第一張圖可說是榮格開始寫他的札記、日後之《紅書》時的最佳寫照。他一開始就呼喊：「我的靈魂，你在哪裡？我說話，我喊你，你在那裡嗎？」（Jung, 2009；頁232）。他悲痛地呼喚失落的靈魂、也就是他與自性間的連結，從此展開了內心之旅。他不顧一切尋找他失去的、與牛等同的那個東西。他在痛苦和混亂中開始踏上旅程，前往未知之境。

　　如榮格在《榮格自傳：回憶‧夢‧省思》中所坦承的，他發現自己由於跟隨佛洛伊德之路而失去了個人方向，而且在與佛洛伊德及其跟隨者分手後，悲慘地發現自己同時失去了任何可藉以生存的神話（Jung, 1963a；頁171）。這可怕的發現促使他去尋找自己的靈魂。《紅書》中〈第一書〉（Liber Primus）之卷頭畫的背景是村莊和山脈構成的典型瑞士景色，前景則是一艘做好啟航準備的船隻。它所描繪的是漫長旅程的開始，可對應於〈十牛圖〉的第一圖。登上探險船隻的榮格亟欲出發去找尋失落寶物的下落。我們在《紅書》中可以見到，他在進行這場探險時主要運用了類似打坐冥想的積極想像法，讓自己的想像游移於自動出現於意識中的意象之間。在榮格之後，許多人也發現這方法很能幫助他們在困境時尋覓自己的靈魂。

　　在〈十牛圖〉第二張名為「見跡」的圖畫裡，我們看見那人小心翼翼循著不見之牛留下的蹤跡前進（見圖15.2）。他看到了這象徵所在位置的蛛絲馬跡，因此追隨足印而行。一絲可與自性重新連結的希望開始出現，是煉金過程中「去雜漸明」之階段隨「分解成黑」之階段[5]——也就是漫無盡期之靈魂黑夜期——將至

5　譯註：煉鉛成金的古西方煉金術過程分為四個主要階段：分解成黑（nigredo）、

圖15.2　見跡

圖15.3　見牛

　　　　　　　　　　　　　　　　　靈性之旅 ⊢

的最早訊號。

在運用積極想像的過程中，「去雜漸明」之階段即是想像力突然活躍起來而使人大吃一驚的時刻，也是意象開始自行作主的時刻。不曾意料到或設想過的情況有了動靜，開始出現。榮格在《紅書》中記載這關鍵時刻時有如下的描述：他走進一個山洞，發現一塊有裂隙的石頭，從裂隙可望見一條地下河，河中有些漂浮物，其中有顆人頭和一隻黑色金龜子，水面下的紅色太陽則令水光瀲灩（Jung, 2009；頁237）。他在〈第一書〉中用小張圖畫描繪這景象。這時刻之所以重要是因為他第一次遇見這些自主生動的無意識意象，而它們將引導他沿路看到更多意象。在此之前，他失落的靈魂曾稍微現身，與他略有對話，但那些意象仍不十分清楚。對讀者來講，這對話似乎多少僅侷限於意識領域，還未深及無意識。它是個開始，但比起將要發生的事可說相形失色。在名為「入未來地獄」（Descent into the Hell of the Future）的這一章裡，文字口吻有了戲劇性轉變，想像力在此強力主導，故事主角也開始進入心靈領土並抵達從前未曾發現過的深處地帶。在過程中的這一階段，心理情況開始轉變，一個予人信念的行動開始進行，意識開始感知到實存的心靈世界，人從此無法再掉頭回到過去。

系列中名為「見牛」的第三圖顯示那人火熱追尋他的牛並尋到了（圖15.3）。

去雜漸明（albedo）、銀月轉金曦（citrinitas）、紅火鎔鑄（rubedo）。對榮格而言，這四階段分別代表個體化過程中的暗影、阿尼姆斯／阿妮瑪、睿智、自性四原型。

他離牛很近，顯然非常興奮。在《紅書》描繪的類似狀況中，有幾個人物出現在故事主角面前，其中包括以利亞和莎樂美[6]這一對。這類生動意象帶來洞見和新生，並將在人的進一步個體化過程中扮演重要角色。此刻情景是個體化過程正在發揮作用的鐵證，不再像前張圖畫只示出跡象。在《紅書》的記述中，生動意象此時自動從心靈的黑暗背景中出現。在心理治療的情境中，這發生於治療時段突然有了生命力、治療師和個案之間開始充滿心靈能量之時。個體化過程如今正在發揮作用並已完全上路，其能量已明顯可感。象徵也變得有活力而能為人所用，並比一般譬喻或修飾語更具有說服力——如果說譬喻或修飾語是遙遠而不及一瞥的意象，象徵就是現身的活牛。某種心靈領域展開於眼前：榮格稱之為「中界」（intermediate realm）——一個「既非心、也非物的玄悟地點或介質，一個唯有象徵才能充分表達的中介幽微世界。象徵既不抽象、也不具體，既不理性、也不反理性，既非真、也非不真。它永遠身兼兩者；它『不屬庶民』（non vulgi），而是那與眾不同者、那從太初就被上帝揀選和命定者的高貴心念之所繫」（Jung, 1944/1968；段400）。個體化想像活動此後發生的地點就是這中界，而象徵即是其內容的唯一表達形式。在這領域中，「是真的嗎？」、「是真還是假？」之類的問題是不存在的。它有自己的立場和立足點。這張圖顯示人進入了居中的象徵世界，是個體化過程進一步發展的關鍵點。

6　譯註：榮格在《紅書》中記載他在夢象中遇見《聖經》舊約先知以利亞（Elijah）和新約中奪取施洗約翰生命的猶太公主莎樂美（Salome），以利亞並稱莎樂美為自己的女兒。兩人分別代表年老智者和阿妮瑪原型。

我們在第四圖中看到那人真的趕上了牛並捉住牠（見圖15.4）。

　　他在這裡跟自性有了聯繫。如果中界未曾開啟的話，這是不可能發生的。現在人要藉十分辛苦的協商方式（因為那牛是真的）獲得真正關係。此時人已可能多少牢牢抓住自性，並如未來圖畫所示將它最終體現在日常的意識生活中。這張圖充滿了能量張力，顯示出一種競比（agon）、一場試圖把對立雙方拉到一起以形成穩定關係的巨大爭持。自我現在已準備好跟自性建立堅定穩固的關係，但此刻這關係仍充滿掙扎和衝突。雖然雙方關係仍充滿緊張，但人現在已可想像未來穩定關係的可能。把這雙方拉在一起的繩索就是本書之前已說明過的「超越功能」。自我和自

圖15.4　**得牛**

性並不和睦,但它們已有了接觸。爭持發生於自我和活躍於心靈中之更大、更強、自相對立的勢力之間。

我們在《紅書》中隨處都能讀到榮格與無意識意象相與揪扯、猛烈角力的描述。靈魂不時顯示其獨立個性而不肯順應自我的願望。在雙方爭辯而相持不下時,更大的耐性成為必要,更大的痛苦則成為必然。自我必須從靈魂領受教誨;它與後者必須協商出一種雙方都能接受的關係。這不是簡單的事,也沒有權宜方便之計。在實際個體化過程中,這種內在掙扎——亦即人與陰影、違背自我意願之本能、以及牴觸自我之阿尼姆斯/阿妮瑪心態之間的爭執——會持續一段很長的時間,直到人來到較為整合的位置,如第五圖所示。

名為「牧牛」的第五圖反映出建立超越功能、使之未來得以發揮作用的階段(見圖15.5)。

現在自我和自性可以逐漸發展出和順親睦的關係。如第六圖所示,繩索已鬆弛下來,意志相爭也已平息,因而人甚至可舒服地騎在牛背上、回到最初所在。名為「騎牛歸家」的這張圖讓我們看到個體化過程中的一個平靜階段(見圖15.6)。

這時一片平靜和諧;人與牛處於理想的關係中,雙方都感到滿足。早先惶亂不知所措的人現在快樂地吹著羌笛,因為他已得到了他所想要的——或說看來他已得到了。

看似完成的未完旅程

這一系列圖畫本來可以就此結束,因為人已經做到了他出發時想做的事。但這還不夠;這只是暫時休息,無法持久、也欠缺穩定性,因此過程仍須進行下去。我們可以猜測:傳統象徵的固

　　　　　　　　　　　　靈性之旅 ⊢────

圖15.5　牧牛

圖15.6　騎牛歸家

型化，以及以其為中心之宗教組織的興起，就是在此時發生的。這些從不改變、永遠定於其位的儀式、教義和宗教圖像後來就成了人和神之間穩定關係的維繫者。然而充滿起伏進退的個人靈性生命卻與此不同。人必須經歷過起伏進退的動態過程，才有可能走向那難以臻至、但可一窺的靈性境界。我們從《紅書》得知個體化過程的確十分漫長並充滿了無數嚴峻考驗。〈十牛圖〉把漫長的個體化過程濃縮成十張圖，並極富智慧地暗示這過程不應終止於描繪和諧的第六圖。但許多人在此就下車離去，然後心滿意足地停留在集體宗教架構和教義的圈護中。這是逃入安穩所在的做法，只想求得可人意的安適感。但畢竟前方還有大起大落的路要走：在第六圖顯示和諧和自我接納後，還有四張圖緊追而至，要人繼續完成旅程。

圖15.7　忘牛存人

在前面六張圖的見牛、捉牛和馴牛之後，剩下的四張圖把這過程帶至心理及靈性發展的至高境界，其中包括原始無意識轉化及繼而被整合到新意識狀態的過程。這是崇高而極致的靈性發展，所示意的是登峰造極的完全個體化──這在平常生活中是不可能達到的目標，只能用想像力略窺而記錄下來，並只在某種程度上──而非完整地──體現於生活中。在第七、第八和第九圖中，我們看到人漸進轉化而進入完全以自性為本的意識狀態中，而自性也全部體現、無所保留。這然後延伸到第十圖，其中整體人格被提升成了現實世界中的自在參與者。

牛在第七圖中消失了（見圖15.7），只留下祈禱的人。這幅畫的名稱是「忘牛存人」。如用心理學的說法，它可能是「化牛於識，自我合整」（Ox absorbed, sense of self made whole）。自性已被吸化到居中冥想的意識中，是以意識如今具有完全及充分的能力，人也因此獲得源源不絕的能量而能虔敬向天。

在下張圖中，人也消失了，只留下一片淨空（見圖15.8）。這圖的名稱為「人牛俱忘」。

我們在第九圖中只看到景物，但不見人和牛。它的標題意味深長：「返本還源」（圖15.9）。第七、第八、第九這三張具有象徵意味的圖畫依序描繪出自性的轉化[7]、空性、以及人與宇宙無間

---

7   譯註：此處原文為 sublimation of the primal self，應指無意識內容被消化吸收（即轉化）於新意識狀態而言。榮格與佛洛伊德對 sublimation 有不同認知。中文一般將此字譯為「昇華」，意指低層次心理內容化身為高尚理性行為，與佛洛依德的觀念較吻合。榮格則認為，sublimation 一詞所意味的轉化過程具有神祕性，非由理性所主導，更非佛洛依德心目中的壓抑或自我防衛機制（ego-defensive mechanism）。基於這些原因，譯者在此未將原文譯為「自性之昇華」，以免與榮格或此書所表達的自性概念有所衝突。

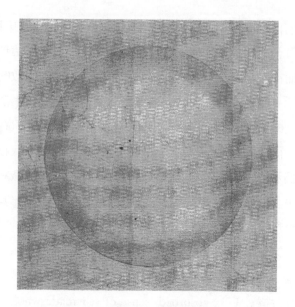

圖15.8 人牛俱忘

圖15.9 返本還源

如一，精采摘要了全覺自性（the fully-minded self）的獲致。各圖的中央都有一個傳統禪宗的「圓相」圖案，代表人在靈啟經驗中體會到的絕對超越、絕對完整。第八圖的圖頌如此說：

> 鞭索人牛盡屬空，
> 碧天遼闊信難通。
> 紅爐焰上爭溶雪，
> 到此方能合祖宗。

在這時刻，人一方面有「碧天遼闊信難通」[8] 的明悟，另一方面也體悟了先祖的教誨[9]。這境界不是真空，而是真空的相反。頌詞說「鞭索人牛盡屬空」，是指人在覺心中見到「空」中有「滿」、也見到前面圖畫中所有重要元素原先暗微而不顯的一體性。他也體驗到無垠的無限，進而發現自己那正在經歷個體化的人格與先祖精神結合了起來，也就是與位居存有之本的原型連結了起來。人在這時刻也超越了「我」與「非我」、心與物的人為區隔。顯示自性轉化的前一張圖是這物我如一境界的預備，下一張圖則見已轉化的人又回到意識生活中。事實上自我已轉成自性，人因而在生活中不再受到情結或自我防衛機制的干擾。自我焦慮的所有症狀都已消失，因此第一圖所呈現的根本心理問題如

8　譯註：原文在此引用的英譯為"The blue sky spreads out so far and wide, no answer can be found"，但中文「碧天遼闊信難通」應指無限之本體（道）實在讓人無從了解。

9　譯註：此處「教誨」是照原文 teachings 一字翻譯。但中文「合祖宗」的「宗」字指根義、原旨。

今已完全並永遠獲得解決。

　　得窺這些心境是個體化過程不可或缺的一部分。這樣的心境讓人得以超越有限的自我而將意識沒入宇宙本源。然而，在轉化意識並構成個體化過程中一個重要特色時，這些心境並不能代表最終目標。〈十牛圖〉認知到這一點而沒有在第八圖中用圓相圖案作為這一系列圖示的結局。在名為「返本還源」的第九圖中，人更往前行而安憩在與自性緊密合一的狀態中，自性則與世界合一。榮格引用傑哈特・寶恩（Gerhard Dorn）[10] 的說法，認為這一個體化階段是「神祕合體」的第三階段（Jung, 1955/1963；段759及以下）。他寫道：「就心理而言，這有賴於意識和無意識的合成作用」（Jung, 1955/1963；段770）。人在此不僅與個人的自性合一，也與世界靈魂、「創世之初的潛能世界」（Jung, 1955/1963；段766）、或〈十牛圖〉第九圖所說的「源」合一。這是與宇宙合一的時刻，既無心理投射、也無欲求。

賜福世界，使枯木開花

　　這系列的最後一圖、名為「入鄽垂手」的第十圖讓我們看到第一圖中的年輕讀書人現在已成了一位聖者（圖15.10）。

　　他在這幅畫中既是年輕人，也是聖者。我們也許會認為這是老者原型（senex）與永恆少年原型（puer aeternus）的和解，或是聖者面對他以前的自我。無論如何，圖頌這麼說：

10　譯註：傑哈特・寶恩（Gerhard Dorn，約1530-1584）為比利時哲學家及煉金術師。

露胸跣足入廛來，

抹土塗灰笑滿腮。

不用神仙真祕訣，

直教枯木放花開。

　　聖者帶著共時效應的法力出場時「直教枯木放花開」。就像
造雨人的故事一樣，他修成正果的生命引起自然界的回應。他代
表了一種為世界服務的意識形態，不再僅屬於自己，但屬於人類
與世界。

　　如我們從實際個體化過程所獲知的，這過程會歷經許多週
期。榮格在論到持續「沿自性繞轉」（Jung, 1963a；頁196）時就

圖15.10　入廛垂手

是指此而言。這過程會不斷重複，使人終其一生都會一再感覺自己沒了靈魂、迷失方向及失去重心，因而頻頻面臨相對的惶恐和情緒混亂。人會重複行經尋牛、見跡、見牛、捉牛、和牧牛的各階段，及至終於掌握不馴的無意識以及位於其中的各種情結、本能、以及具有補償作用（有時亦具阻礙作用）的傾向。此外，人也將擁有更多靈啟經驗和悟見時刻。再三出現的靈啟經驗會提供一個愈來愈穩固的記憶標記，讓新而愈加完整的人格圍繞著這標記（也就是沉澱於記憶中之所有靈啟經驗的總和）漸次成形。關注自性也因此在意識中累積起更多心靈材料和持久性。在個體化過程持續進行時，人格會繞著一個中心點逐漸成熟，但這中心點既為個人所有、也非為個人所有。這創造了一種非僅以自我為中心的個我意識。如第十圖所示，聖者看來像凡夫俗子，但顯然又有某種與眾不同之處。他散發出一種難以言喻的神祕感：「不用神仙真祕訣，直教枯木放花開」。他似乎能為周遭世界帶來共時效應，以致不同尋常的事情從他流露出來，但這一切都不為他人所察覺，而他本人也未嘗居功自傲。

榮格的朋友、哈佛心理學家亨利‧莫瑞（Henry Murray）在一九五〇年代寫信請他解釋他所說的個體化概念。莫瑞要回答學生提出的問題：經歷過個體化的人是什麼樣子？榮格回答：「經歷過個體化的人只是個凡人，因此看來毫不起眼」（Jung, 1975；頁 324）。榮格接著提到佛教禪宗和鈴木大拙的論著：

> 佛教禪宗說：見山是山，見水是水；見山不是山，見水不是水；見山仍是山，見水仍是水。凡有開悟經驗的人都會因這經驗有所改變。最初沒有悟見的他是人甲，得到

悟見的他成為人乙，再然後——如果他不太笨的話——他的生命會受這開悟的影響而使他成為人丙。（Jung, 1975；頁324）

這麼說來，我們在第十圖看到的就是一個表徵完全個體化的人物，外貌看來普通尋常、在群眾中毫不出色、臉上還沾了污泥，但他實際上卻是個心性已轉的悟道者。關注自性的他不僅主導自己，也主導周遭世界。他賜福於世界並能使枯木開花。

延伸閱讀

- 《我的榮格人生路：一位心理分析師的生命敘說》（2015），湯瑪士・克許（Thomas B. Kirsch），心靈工坊。
- 《纏足幽靈：從榮格心理分析看女性的自性追尋》（2015），馬思恩（Shirley See Yan Ma），心靈工坊。
- 《當村上春樹遇見榮格：從《1Q84》的夢物語談起》（2014），河合俊雄，心靈工坊。
- 《東西文化及其哲學》（2013），梁漱溟，中華書局。
- 《人及其象徵：榮格思想精華》（2013），卡爾・榮格（Carl G. Jung）主編，立緒。
- 《給追求靈魂的現代人：湯瑪士・克許談榮格分析心理學》（2013），湯瑪士・克許（Thomas B. Kirsch），心靈工坊。
- 《中年之旅：自性的轉機》（2013），莫瑞・史丹（Murray Stein），心靈工坊。
- 《轉化之旅：自性的追尋》（2012），莫瑞・史丹（Murray Stein），心靈工坊。
- 《英雄之旅：個體化原則概論》（2012），莫瑞・史丹（Murray Stein），心靈工坊。
- 《共時性：自然與心靈合一的宇宙》（2012），約瑟夫・坎伯瑞（Joseph Cambray），心靈工坊。
- 《榮格人格類型》（2012），達瑞爾・夏普（Daryl Sharp），

心靈工坊。

- 《榮格心理治療》（2011），瑪麗—路薏絲·馮·法蘭茲（Marie-Louise von Franz），心靈工坊。
- 《夢是靈魂的使者：一個榮格心理分析師的夢筆記》（2011），申荷永，心靈工坊。
- 《陰影效應：找回真實完整的自我》（2011），狄帕克·喬布拉（Deepak Chopra）、黛比·福特（Debbie Ford）、瑪莉安·威廉森（Marianne Williamson），天下文化。
- 《現代人，越來越不會作夢：閱讀榮格》（2010），吳光遠，海鴿。
- 《榮格心靈地圖》（2009），莫瑞·史丹（Murray Stein），立緒。
- 《榮格與密宗的29個「覺」：佛法和心理學在個體化歷程中的交叉點》（2008），羅布·普瑞斯（Rob Preece），人本自然。
- 《人的形象和神的形象》（2007），卡爾·榮格（C.G. Jung），基礎文化。
- 《榮格學派的歷史》（2007），湯瑪士·克許（Thomas B. Kirsch），心靈工坊。
- 《陰暗情緒是毒也是藥：榮格【陰暗情緒】原型的自我轉化及療癒》（2007）， 米莉亞·葛林斯潘（Miriam Greenspan），人本自然。
- 《榮格解夢書：夢的理論與解析》（2006），詹姆斯·霍爾（James A. Hall），心靈工坊。
- 《超凡之夢：激發你的創意與超感知覺》（2004），克里普納

（Stanley Krippner），心靈工坊。

- 《榮格自傳：回憶・夢・省思》（1997），卡爾・榮格（C.G. Jung），張老師文化。

參考資料

Alles G. (Ed.) (1996) *Rudolf Otto: Autobiographical and Social Essays*. Berlin and New York: Mouton de Gruyter

Ballin, U. (2002) 'Richard Wilhelm (1873-1930): Eine biographische Einführung', in Hirsch K. *Richard Wilhelm – Botschafter zweier Welten*. Frankfurt a.M.: Verlagsdruckerei Spengler

Borges, J.L. (1964) 'The God's script' in Yates D. A. Irby J. E. (Eds) *Labyrinths: Selected Stories and Other Writings*. New York: New Directions

Dubuisson, D. (2007) *The Western Construction of Religion*. Baltimore: Johns Hopkins Press

Erikson, E. (1969) *Gandhi's Truth*. New York: W.W. Norton & Company

Fingarette, H. (1972) *Confucius – The Secular as Sacred*. New York: Harper Torchbooks

Frankena, W. K. (1973) *Ethics*. Englewood Cliffs, NJ: Prentice-Hall

Freud, S. (1939) *Moses and Monotheism*, Jones K. (Trans.). London: Hogarth Press and the Institute of Psycho-analysis

Henderson, J. L. (2005) *Thresholds of Initiation*. Wilmette, IL: Chiron Publications

Hobson, J.A. (2002) *Dreaming: An Introduction to the Science of Sleep*. Oxford: Oxford University Press

Homans, P. (1995) *Jung in Context: Modernity and the Making of a Psychology* (2nd Ed.). Chicago, IL: University of Chicago Press

Jung, A. and Stiftung C.G. Jung. (2009) *The House of C.G. Jung*, with texts by Andreas Jung, Regula Michel, Arthur Rueegg, Judith Rohrer, Daniel Ganz. Wilmette, IL.: Chiron Publications

Jung, C.G. (1912) *Wandlungen und Symbole der Libido* Hinkle B. M. (Trans.) (1916) *Psychology of the Unconscious*. New York: Dodd, Mead and Co

—— (1912/1970) *Symbols of Transformation* in *The Collected Works* [CW] *of C.G. Jung* 5, Read H. Sir Fordham M. Adler G. (Eds). Bollingen Series XX. Princeton: Princeton University Press

—— (1916/1969) 'The transcendent function' in *CW* 8

—— (1921/1971) *Psychological Types* in *CW* 6

—— (1928/1966) 'The structure of the unconscious' in *CW* 7

—— (1929/1966) 'Problems of modern psychotherapy' in *CW* 16

—— (1931/1966) 'The practical use of dream analysis' in *CW* 16

—— (1933/1964) 'The meaning of psychology for modern man' in *CW* 10

—— (1930/1966) 'Richard Wilhelm: in memoriam' in *CW* 15

—— (1936/1964) 'Wotan' in *CW* 11

—— (1936/1969) *Psychology and Religion* in *CW* 11

—— (1938/1954) 'Psychological aspects of the mother archetype' in *CW* 9/i

—— (1938/1967) Foreword to the Second German Edition, 'Commentary on *The Secret of the Golden Flower*' in CW 13

—— (1940/1969) 'The psychology of the child archetype' in *CW* 9/i

—— (1941/1969) 'Psychological symbolism in the Mass' in *CW* 11

—— (1942/1969) 'A psychological approach to the Dogma of the Trinity' in *CW* 11

—— (1943/1966) *Two Essays in Analytical Psychology* in *CW* 7

—— (1944/1968) *Psychology and Alchemy* in *CW* 12

—— (1950/1968) *Aion: Researches into the Phenomenology of the Self* in *CW* 9ii

—— (1950/1969) 'Foreword to the *I Ching*' in *CW* 11

—— (1952/1969) 'Synchronicity: an acausal connecting principle' in *CW* 8

—— (1954/1969) *Answer to Job* in *CW* 11

—— (1955/1963) *Mysterium Coniunctionis* in *CW* 14

—— (1958/1964a) 'Flying saucers: a modern myth of things seen in the skies' in *CW* 10

—— (1958/1964b) 'A psychological view of conscience' in *CW* 10

—— (1963a) *Memories, Dreams, Reflections*. New York: Vintage Books

—— (1963b) 'Septem sermones ad mortuos' in *Memories, Dreams, Reflections*: (Appendix V, pp. 378–90). New York: Vintage Books

—— (1973) *C.G. Jung Letters Vol. 1: 1906-1950*, Adler G. Jaffé A. (Eds). Princeton: Princeton University Press

—— (1975) *C.G. Jung Letters Vol. 2: 1906-1950*, Adler G. Jaffé A. (Eds). Princeton: Princeton University Press

—— (1988) *Nietzsche's Zarathustra: Notes of the Seminar Given in 1934-1939*, Jarrett J. (Ed.). Princeton: Princeton University Press

—— (2009) *The Red Book*, S. Shamdasani (Ed.). New York: Norton

Jung, C.G. and Pauli, W. (1952/1955) *The Interpretation of Nature and the Psyche*. New York: Pantheon Books

Kapleau, R. P. (1980) *The Three Pillars of Zen*. New York: Anchor Books

Kenny, A. (1994) 'Descartes to Kant' in *The Oxford History of Western Philosophy*, Kenny A. (Ed.). Oxford: Oxford University Press

Kirsch, T. (1998) 'Jung and Tao'. *The Round Table Review*, Vol. VII, No. 3

Lammers A.C. Cunningham A. (eds) (2007) *The Jung-White Letters*, London and New York: Routledge

Lear, J. (2005) *Freud*. New York & London: Routledge

Neumann, E. (1949/1969) *Depth Psychology and a New Ethic*. New York: G.P. Putnam's Sons

Ogden, T. (1999) *Reverie and Interpretation*. London: Karnac Books

Otto, R. (1917/1950) *Das Heilige*. Munich: C.H. Beck Harvey J. W. (Trans.) (1923; 2nd Ed. 1950) *The Idea of the Holy*. Oxford: Oxford University

Rennstich, K. (1998) 'Richard Wilhelm' in *Biographish-Bibliographisches Kirchenlexikon*, Band XIII (1998). Nordhausen, Germany: Verlag Traugott Bautz

Rizzuto, A-M. (1998) *Why Did Freud Reject God?* New Haven: Yale University Press

靈性之旅 ├──────

Robinson J. M. (Ed.) (1988) *The Nag Hammadi Library*. San Francisco: Harper and Row

Schildmann, W. (1991/2006) *Karl Barths Träume: Zur verborgenen Psychodynamik seines Werkes*. Zürich: Theologisher Verlag Zürich

Schwartz, R. (2004) 'Introduction' in Schwartz R. (Ed.) *Transcendence: Philosophy, Literature, and Theology Approach the Beyond*. New York & London: Routledge

Solomon, H. (2004) 'The ethical attitude in analytic training and practice' in Cambray J. Carter L. (Eds). *Analytical Psychology: Contemporary Perspectives in Jungian Analysis*. Hove and New York: Routledge

Stein, M. (1995) 'Synchronicity and divine providence' in Spiegelman M. (Ed.) *Protestantism and Jungian Psychology*. Tempe, Arizona: New Falcon Publications

—— (1998) *Transformation: Emergence of the Self*. College Station: Texas A & M University Press

—— (1998) *Jung's Map of the Soul: An Introduction*. Chicago: Open Court

—— (2003) 'The role of Victor White in C.G. Jung's writings'. The Guild of Pastoral Psychology, Guild Lecture No. 285

—— (2006) *The Principle of Individuation*. Wilmette, IL.: Chiron Publications

Strand, M. (2005) 'My name'. *The New Yorker*, April 11 2005, p. 68

Tacey, D. (2004) *The Spirituality Revolution: The Emergence of Contemporary Spirituality*. Hove and New York: Brunner-Routledge

—— (2008) 'Imagining transcendence at the end of modernity' in Huskinson L. (ed.) *Dreaming the Myth Onwards: New Directions in Jungian Therapy and Thought*. London: Routledge

Tillich, P. (1967) 'The holy — The absolute and the relative in religion' in *My Search for Absolutes*. New York: Simon and Shuster

Yerushalmi, Y. H. (1991) *Freud's Moses: Judaism Terminable and Interminable*. New Haven and London: Yale University Press

探訪幽微的心靈，如同潛越曲折邊地的河流
面對無法預期的彎道或風景，時而煙波浩渺，時而萬壑爭流
留下無數廓清、洗滌或抉擇的痕跡
只為尋獲真實自我的洞天福地

Psychotherapy

艾瑞克森
【天生的催眠大師】
作者－傑弗瑞‧薩德
譯者－陳厚愷　定價－280元

艾瑞克森是自然催眠法的先驅者，為催眠治療在學術領域中取得了合法地位。
他顛覆傳統的教學方法，奠定了艾瑞克森學派的基礎。
他面對身體殘障的積極態度，鼓舞病人欣賞生命的挫敗。
他善用軼事治療，與病魔奮戰的一生就是最具療效的故事。

跟大師學催眠
【米爾頓‧艾瑞克森治療實錄】
作者－傑弗瑞‧薩德
譯者－朱春林等　定價－450元

整合催眠與心理治療的艾瑞克森，以趣聞軼事作為教學手法與治療工具，並有效運用自然、正式催眠，讓學生或個案打破僵化的自我設限。艾瑞克森深具影響力，他對心理治療實務的貢獻，實等同於佛洛伊德在心理治療理論的貢獻。

朵拉
【歇斯底里案例分析的片斷】
作者－佛洛伊德
譯者－劉慧卿　定價－240元

少女「朵拉」這個案例在精神分析史上佔有重要地位。對歇斯底里、夢、雙性特質、轉移關係等主題，均做了重點探討，佛洛伊德企圖將畢生致力發展的理論，集中在這篇案例之中。透過此案例，他將理論植基於臨床素材，並交織於臨床經驗之中。

論女性
【女同性戀案例的心理成因及其他】
作者－佛洛伊德
譯者－劉慧卿、楊明敏　定價－180元

佛洛伊德為女同性戀提出理論說明，成為後續精神分析對女性心性發展闡釋的前導。本書結集佛洛伊德以女性為主題的文稿，期望帶領讀者進一步瞭解女性與精神分析的糾葛。

佛教與心理治療藝術
作者－河合隼雄
譯者－鄭福明、王求是　定價－220元

河合隼雄深刻地反思成為榮格心理分析師的歷程，及佛學如何提升了其心理分析實踐。作者也揭示了「牧牛圖」如何表達了自性化過程，充分展示一位東方人對人類心靈的獨特理解。

日本人的傳說與心靈
作者－河合隼雄
譯者－廣梅芳　定價－340元

「浦島太郎」、「鶴妻」等傳說不只富涵神祕與想像色彩，更蘊含了日本人獨特的自我形成過程。作者藉著比較日本和世界各國故事的異同，從心理學角度探討屬於日本的特有文化。

沙遊療法與表現療法
作者－山中康裕
譯者－邱敏麗、陳美瑛　定價－300元

本書淺入深地介紹沙遊療法的理論與技術，並比較此療法在東、西方的差異。藉由真實個案的討論及繪畫作品的展現，作者將從事沙遊及表現療法三十七年的實務經驗網羅於本書中。

兒童精神分析
作者－梅蘭妮‧克萊恩
譯者－林玉華　定價－450元

在本書中的第一部分，克萊恩以其臨床實務經驗，描述孩童的精神官能症、導因與對客體的施虐衝動所引發的焦慮和罪惡感。第二部分略述她奠基於佛氏之思路所延展出的理論架構。

支持性心理治療入門
作者－阿諾・溫斯頓・李察・羅森莎・亨利・品斯克
譯者－周立修・蔡東杰等
審閱－周立修・蔡東杰　定價－240元

支持性心理治療是當今最廣泛使用的個別心理治療模式。本書完整詳述此治療法的基本架構，包括適應症、治療之分期、如何開始及結束治療、專業的界限，也探討了移情、反移情等治療關係議題。

嫉羨和感恩
作者－梅蘭妮・克萊恩
譯者－呂煦宗・劉慧卿　定價－550元

偏執－類分裂心理位置及憂鬱心理位置是克萊恩所創的最重要概念，本書收集了她在此創新概念下的著作。書中論文有些是關於分析技術的，有些則探討較廣泛性的精神分析主題。

長期精神動力取向心理治療
【基本入門】
作者－葛林・嘉寶
譯者－陳登義　定價－350元

本書介紹長期精神動力取向心理治療的基本原理，聚焦在與成人進行的個別治療工作上，涵蓋了基本精神動力原理、病人的評估、開始到結束治療、處遇、目標及治療作用、阻抗、反移情，以及幻想／夢等課題。

史瑞伯
【妄想症案例的精神分析】
作者－佛洛伊德
譯者－宋卓琦　審閱－宋卓琦　定價－180元

佛洛伊德超越史瑞伯的妄想內容表象，深入心性發展的核心過程，為妄想症的形成機轉提出極具創見的論述，並啟發日後的性別認同、女性情結、生殖、生死及存在等議題之研究。

鼠人
【強迫官能症案例之摘錄】
作者－佛洛伊德
譯者－林怡青・許欣偉　定價－260元

佛洛伊德透過本案例曲折精采的分析過程，闡明了父子之間的怨恨糾葛如何在愛情、移情和反移情當中盤錯交織，堪稱伊底帕斯情結在二十世紀初再現的精妙範例。

狼人
【孩童期精神官能症案例的病史】
作者－佛洛伊德
譯者－陳嘉新　審閱、導讀－蔡榮裕　定價－220元

狼人的焦慮之夢，迂迴地解開了他精神官能症的迷團，當中有錯綜複雜的閹割恐懼、性別認同、性誘惑等議題。其幼時的原初場景是微不足道的平凡事件，還是心性發展的關鍵時分？

兒童分析的故事
作者－梅蘭妮・克萊恩
譯者－丘羽先　審閱－樊雪梅　定價－750元

本作品詳述一名十歲男孩長達四個月的分析歷程，並精關地詮釋其畫作、遊戲和夢境。讀者可藉由本書觀察治療過程的逐日變化與延續性，更是探究兒童精神分析技巧的必備書籍。

小漢斯【畏懼症案例的分析】
作者－佛洛伊德　譯者－簡意玲
審閱、導讀－林玉華　定價－240元

小漢斯三歲半時開始出現把玩陰莖的行為，接著逐漸演變出對動物的畏懼症。透過漢斯的父親為中介，佛洛伊德開始為這名五歲男童進行分析。此案例報告所蘊含的具體臨床經驗，印證了佛洛伊德在《性學三論》中所勾勒的許多結論。

藥物與心理治療
作者－蜜雪・瑞芭・李查・巴隆
譯者－周佑達　定價－260元

合併藥物與心理治療的治療模式，在許多方面已證實比單純的藥物治療有更好的療效。本書針對整合式治療與分離式治療當中不同階段所需要的基本能力，以漸進而全面的方式，介紹其原則。

動力取向精神醫學
【臨床應用與實務［第四版］】
作者－葛林・嘉寶
譯者－李宇宙等　審閱－張書森　定價－1,200元

本書說明何謂精神動力學、以及其對現代精神醫學有何貢獻的基本架構，並將生物精神醫學的發現，融入對人類心智的臨床理論當中。精神分析師、心理師、諮商師及臨床人員必讀經典著作。

文化精神醫學的贈物
【從台灣到日本】
作者－林憲　譯者－王珮瑩
審閱－劉絮愷　定價－260元

林憲教授是台灣文化精神醫學研究的先驅。他將過去六十年來台大醫院精神部所進行的社會文化精神醫學研究結果，進行簡明扼要的總整理，同時陳述了許多台日文化比較的成果，點出本書「泛文化精神醫學」的主題。

榮格學派的歷史
作者－湯瑪士・克許　譯者－古麗丹・何琴等
審閱、導讀－申荷永　定價－450元

本書為世人描繪了一株分析心理學家族樹，以榮格為根，蘇黎世的國際分析心理學協會為主幹，各國的榮格學會為大小分枝，榮格門生及傑出分析師、學者們，則化身成片片綠葉高掛枝頭，在豐富的歷史回憶中，不斷添增屬於它的生命力、創意、深度和廣度。

PsychoAlchemy 011

靈性之旅：追尋失落的靈魂
Minding the Self: Jungian Meditations on Contemporary Spirituality
作者——莫瑞・史丹 Murray Stein　譯者——吳菲菲

出版者一心靈工坊文化事業股份有限公司
發行人一王浩威　總編輯一王桂花
執行編輯一趙士尊　封面設計一羅文岑　內頁排版一李宜芝
通訊地址一10684台北市大安區信義路四段53巷8號2樓
郵政劃撥一19546215　戶名一心靈工坊文化事業股份有限公司
電話一02）2702-9186　傳真一02）2702-9286
Email一service@psygarden.com.tw　網址一www.psygarden.com.tw

製版・印刷一彩峰造藝股份有限公司
總經銷一大和書報圖書股份有限公司
電話一02）8990-2588　傳真一02）2990-1658
通訊地址一248新北市新莊區五工五路二號
初版一刷一2015年5月　二刷一2021年3月
ISBN一978-986-357-042-4　定價一400元
Minding the Self: Jungian Meditations on Contemporary Spirituality
By Murray Stein / ISBN一978-986-357-042-4

國家圖書館出版品預行編目資料

靈性之旅：追尋失落的靈魂 / 莫瑞.史丹(Murray Stein)著；吳菲菲譯. -- 初版. -- 臺北市：
心靈工坊文化, 2015.10
面；　公分

譯自：Minding the Self: Jungian meditations on contemporary spirituality

ISBN 978-986-357-042-4(平裝)

1.榮格(Jung, C. G.(Carl Gustav), 1875-1961)　2.精神分析　3.宗教心理

170.189

104020569

心靈工坊 PsyGarden 書香家族 讀友卡

感謝您購買心靈工坊的叢書，為了加強對您的服務，請您詳填本卡，
直接投入郵筒（免貼郵票）或傳真，我們會珍視您的意見，
並提供您最新的活動訊息，共同以書會友，追求身心靈的創意與成長。

書系編號－PA011　　　　　　　書名－靈性之旅：追尋失落的靈魂

姓名

是否已加入書香家族？ □是 □現在加入

電話（公司）　　　　（住家）　　　　手機

E-mail　　　　　　　生日　年　　月　　日

地址 □□□

服務機構 / 就讀學校　　　　　　　職稱

您的性別—□1.女 □2.男 □3.其他

婚姻狀況—□1.未婚 □2.已婚 □3.離婚 □4.不婚 □5.同志 □6.喪偶 □7.分居

請問您如何得知這本書？
□1.書店 □2.報章雜誌 □3.廣播電視 □4.親友推介 □5.心靈工坊書訊
□6.廣告DM □7.心靈工坊網站 □8.其他網路媒體 □9.其他

您購買本書的方式？
□1.書店 □2.劃撥郵購 □3.團體訂購 □4.網路訂購 □5.其他

您對本書的意見？
封面設計	□1.須再改進	□2.尚可 □3.滿意	□4.非常滿意
版面編排	□1.須再改進	□2.尚可 □3.滿意	□4.非常滿意
內容	□1.須再改進	□2.尚可 □3.滿意	□4.非常滿意
文筆／翻譯	□1.須再改進	□2.尚可 □3.滿意	□4.非常滿意
價格	□1.須再改進	□2.尚可 □3.滿意	□4.非常滿意

您對我們有何建議？

□ 本人＿＿＿＿＿＿＿（請簽名）同意提供真實姓名/E-mail/地址/電話/年齡/等資料，以作為
心靈工坊聯絡/寄貨/加入會員/行銷/會員折扣/等用途，詳細內容請參閱：
http://shop.psygarden.com.tw/member_register.asp。

心靈工坊
|PsyGarden|

台北市106 信義路四段53巷8號2樓
讀者服務組　收

免　　貼　　郵　　票

（對折線）

加入心靈工坊書香家族會員
共享知識的盛宴，成長的喜悅

請寄回這張回函卡（免貼郵票），
您就成為心靈工坊的書香家族會員，您將可以——

⊙隨時收到新書出版和活動訊息

⊙獲得各項回饋和優惠方案